MAGIA ESOTÉRICA
E A CABALA

Phillip Cooper

MAGIA ESOTÉRICA E A CABALA

DESCUBRA, ALÉM DO MUNDO MATERIAL,
OS MISTÉRIOS DE UMA REALIDADE
NUNCA IMAGINADA

Tradução
MARTA ROSAS

EDITORA PENSAMENTO
São Paulo

Título original: *Esoteric Magic and Cabala.*

Copyright © 2002 Phillip Cooper.

Publicado originalmente por Red Wheel/Weiser, York Beach, ME, USA.

Todos os direitos reservados. Nenhuma parte deste livro pode ser reproduzida ou usada de qualquer forma ou por qualquer meio, eletrônico ou mecânico, inclusive fotocópias, gravações ou sistema de armazenamento em banco de dados, sem permissão por escrito, exceto nos casos de trechos curtos citados em resenhas críticas ou artigos de revistas.

A Editora Pensamento-Cultrix Ltda. não se responsabiliza por eventuais mudanças ocorridas nos endereços convencionais ou eletrônicos citados neste livro.

Dados Internacionais de Catalogação na Publicação (CIP)
(Câmara Brasileira do Livro, SP, Brasil)

Cooper, Phillip, 1995-.
    Magia esotérica e a cabala : descubra, além do mundo material, os mistérios de uma realidade nunca imaginada / Phillip Cooper ; tradução Marta Rosas. — São Paulo : Pensamento, 2005.

    Título original : Esoteric magic and the cabala.
    Bibliografia.
    ISBN 978-85-315-1412-8

    1. Cabala 2. Magia 3. Ocultismo I. Título.

05-6618   CDD-135.47

Índices para catálogo sistemático:

1. Cabala e magia esotérica : Fenômenos
        paranormais 135.47
2. Magia esotérica e cabala : Fenômenos
        paranormais 135.47

O primeiro número à esquerda indica a edição, ou reedição, desta obra. A primeira dezena à direita indica o ano em que esta edição, ou reedição foi publicada.

Edição   Ano

2-3-4-5-6-7-8-9-10-11-12   09-10-11-12-13-14-15

Direitos de tradução para a língua portuguesa
adquiridos com exclusividade pela
EDITORA PENSAMENTO-CULTRIX LTDA.
Rua Dr. Mário Vicente, 368 – 04270-000 – São Paulo, SP
Fone: 2066-9000 – Fax: 2066-9008
E-mail: pensamento@cultrix.com.br
http://www.pensamento-cultrix.com.br
que se reserva a propriedade literária desta tradução.

SUMÁRIO

Prefácio	7
Introdução	9
1. Os Primeiros Passos na Magia Esotérica	11
2. O Plano Cósmico, a Cruz Inscrita em um Círculo e a Esfera Cósmica	27
3. Simbolismo, os Quatro Elementos e as Quatro Armas Mágicas	39
4. Meditação, a Esfera Cósmica e o Templo Interior	49
5. Rituais Mágicos	57
6. A Árvore Cabalística da Vida	67
7. Como Criar cada Esfera e a Ela Sintonizar-se	95
8. Um Guia para Trabalhar os Caminhos com Realismo	109
9. As Marés Cósmicas	119
Considerações Finais	127
Apêndice: Trabalhando com Imagens Telesmáticas	131
Notas	137
Bibliografia	141

SUMÁRIO

PREFÁCIO

O estudo da Magia é muito mais que a mera leitura de alguns livros e lições. Inúmeras escolas e mestres dispõem de material sobre o tema da Árvore da Vida. No entanto, apesar de seu possível valor, a maior parte desse material é inútil quando se trata de responder à pergunta: "Afinal, o que é que se pode fazer com isso?" Por meio das práticas apresentadas neste livro, você desenhará uma Árvore da Vida e meditará sobre os processos místicos e mágicos aqui descritos. Para realmente estudar e trabalhar a Magia, é preciso que você *faça* as coisas que peço nos livros que escrevo. Não negligencie as práticas nem as realize superficialmente, mas com todo o seu empenho e atenção.

Além disso, procure ver como o estudo da Magia pode ser aplicado à sua vida cotidiana. Comece a *pensar* magicamente! Ou seja, torne o seu conhecimento da Magia parte da sua visão de mundo e de si mesmo. Ao aprender a pensar magicamente, você descobrirá que a realidade é algo muito maior do que se imaginava. É como colocar novos óculos: de repente, você verá mais, e com mais clareza.

A Magia não lhe dirá como deve agir. Ela não tem regras nem mandamentos. Mas, à medida que começar a ver as coisas de uma maneira diferente, a pensar magicamente, você vai começar a decidir por si mesmo como deve agir e o que fazer em determinadas circunstâncias. A Magia coloca em seus ombros a responsabilidade por sua própria vida. Mas ela também mostra que você tem o poder de transformar sua vida naquilo que deseja que ela seja! Na Magia, como em todas as coisas, o poder e a responsabilidade andam lado a lado.

INTRODUÇÃO

As técnicas da Magia Esotérica diferem das técnicas da Magia Prática porque seus objetivos são diferentes. Não é possível misturar as duas, embora os dois caminhos possam — e devam — ser complementares.

A Magia Esotérica — ou "alta" Magia — é o estudo da Magia em si. Ela visa ao autodesenvolvimento através do trabalho interior, envolvendo a compreensão das obras do universo e de como nós nos encaixamos no esquema maior das coisas. A magia é uma ciência, talvez a maior de todas — mas, se a verdade não for a meta, tudo será em vão.

Até agora, ninguém sugeriu um padrão de estudo verdadeiramente realista. Os trabalhos estabelecidos estão repletos de dogmas religiosos ou de complexidades desnecessárias, destinadas a humilhar o estudioso ou baseadas em conceitos supersticiosos que se inserem melhor no domínio da pura fantasia. As lojas mágicas, às quais supostamente devemos recorrer, estão dominadas em grande parte por técnicas da Aurora Dourada, que não sofrem nenhum avanço há mais de cem anos.[1] Abundam sociedades secretas cuja promessa inevitável é a de revelar os segredos da Magia aos que se iniciarem. A iniciação geralmente requer a abdicação de seu direito de opção em troca de tornar-se o objeto de uma espécie de pantomima medieval. Você pode então ser convidado a fazer reverências diante de chefes secretos inexistentes e de deuses imaginários de nomes impronunciáveis até descobrir que é bem mais fácil *entrar* que *sair*. Há inclusive indícios de que certas facções usam drogas e hipnose para garantir a lealdade dos seguidores.

O plano de ação apresentado neste livro é, ao mesmo tempo, positivo e realístico. Não se trata de apresentar sob nova forma nenhum sistema antiquado, seja o da Aurora Dourada ou qualquer outro. Em nenhum momento você verá enigmas místicos estranhos nem segredos velados, mas sim fatos, todos eles em bom português. Este livro tem início com os primeiros princípios e prossegue pelos capítulos até formar um plano de estudo completo e viável. Se for um iniciante, você o julgará fácil de entender. E, se for um estudioso que "sofre" há muito tempo, você o julgará renovador, estimulante e claro.

Com este livro, você iniciará o estudo da Cabala e da Árvore da Vida. A Árvore da Vida é parte do sistema básico do Ocidente, chamado Cabala. (A palavra "Cabala" significa basicamente "receber" em hebraico.) As origens precisas desse sistema perderam-se nos labirintos da antigüidade, mas eu diria que ele surgiu de fragmentos de verdades mágicas demonstráveis que as pessoas avançadas de todas as nações e nacionalidades trocavam, em reconhecimento às profundas verdades básicas do cosmos físico.

Você não apenas estudará a Árvore da Vida, mas também aprenderá a usá-la como meio de estudo. Logo você começará a vê-la como um sistema de arquivamento (ou mesmo um programa de computador) por meio do qual pode classificar seu conhecimento e suas observações num todo inter-relacionado.

Além disso, à medida que prosseguir em seu estudo da Magia Esotérica, você verá como a Magia se torna parte de toda a sua vida — não apenas um compartimento especial, uma religião domingueira, uma roupa de festa — e como tudo na vida passará a ter novos sentidos para você. Como seu estudo da Árvore da Vida continuará enquanto você tiver interesse em Magia, é provável que se estenda pelo resto de sua vida!

CAPÍTULO 1

Os Primeiros Passos na Magia Esotérica

Este é um livro muito especial. Ao contrário de muitos outros cursos de instrução, ele apresenta a verdade sobre a Magia Esotérica e a Cabala e abre um caminho individual para os mistérios interiores. A fim de beneficiar-se ao máximo com este livro, lembre-se apenas desta fórmula, que lhe servirá de orientação rumo à Magia bem-sucedida:

o que entra = ao que sai

Uma das regras mais importantes da Magia é que o que você tira é diretamente proporcional ao que você põe. Com isso, refiro-me à qualidade do que investe, e não necessariamente ao tempo ou ao dinheiro.

Magia: o Início

Diz-se que quando Deus pronunciou o próprio nome, a criação teve início. O primeiro ato da verdadeira Magia foi a criação. O único ingrediente foi o próprio criador. Ao tocar em seu corpo, você toca a presença material do Logos, além da de seus ancestrais. Apreenda essa verdade com o coração, e não com a falível inteligência humana, e terá dado o primeiro passo em direção à Verdadeira Magia.

Como todas as coisas são Um Ser Sensível, decorre que tudo está vivo e alerta. Estrelas, rochas, água e ar são entidades vivas e, da mesma forma que a vida animal (inclusive a humanidade), constituem aspectos da Totalidade Divina. Esse saber permeia todas as coisas criadas. Só na humanidade é que ele é suprimido por um intelecto patologicamente superdesenvolvido que inibe as faculdades morais e intuitivas vitais que regem o comportamento da maioria das formas de vida.

Diz-se também que a humanidade é feita à imagem e semelhança de Deus, ou seja: é *criadora*. A fim de criar, precisamos entender como Deus (Inteligência Universal) atua e usar essa compreensão como orientação.

O santo nome de Deus, o Tetragrama, é um nome de quatro letras: Y H V H. Os mais astutos verão imediatamente a importância disso, pois o nome corresponde aos quatro elementos. De um ponto de vista mágico, isso tem um sentido profundo e pode ser representado ritualisticamente. Pense no esquema. Deus faz a energia fluir falando o próprio nome — em outras palavras, canalizando essa energia através dos quatro pontos cardeais do Círculo Mágico. Ela então se concretiza na terra física. A ritualização disso é relativamente simples e extremamente importante.

Magia Social

Os mágicos sociais acham que o envolvimento com grupos de pessoas que pensam da mesma maneira que eles os levarão adiante. Mas isso está muito longe de ser verdade. A Magia Social pode parecer uma boa idéia até que você analisa melhor o conceito.

Por que é que as pessoas têm necessidade de associar-se a grupos? Talvez pela crença de que a quantidade traz segurança, algo chamado de "instinto gregário". Em um grupo, a evolução deste e de cada um de seus membros está nas mãos da voz que fala mais alto. Como todos sabem, essa não é necessariamente a melhor. Muitas vezes, os grupos esotéricos (inclusive os que possuem lojas e reuniões para práticas ritualistas) organizam-se em torno do núcleo errado. Por conseguinte, a decorrência natural é que, se o núcleo está errado, toda a estrutura também está.

A Magia Social tem pouco a oferecer aos que desejam estudo sério. E, se há algo que os grupos esotéricos podem ensinar, na melhor das hipóteses é: o que não deve ser feito. Antes de entrar em contato com algum desses grupos, faça as seguintes perguntas:

1. Quais são os objetivos desse grupo? Esses objetivos são realistas?
2. Ele cobra alguma coisa pela "iluminação"? Não me refiro apenas ao dinheiro. Procure pensar no preço em termos reais.

3. Há alguma exigência com relação à sua liberdade de opção?

4. Ele prega a subserviência a alguma entidade, divindade ou chefe secreto?

5. Ele advoga desvios sexuais? Esses desvios podem ir desde a simples nudez até a "Magia Sexual".

Se a resposta a qualquer uma dessas perguntas for "sim", insisto: não entre em contato. É muito comum os iniciantes inocentes se associarem a esse tipo de "grupo de magia" para descobrir em seguida que foram ludibriados. Pelo menos, esses têm a sorte de perceber que há alguma coisa errada e cair fora. Muitos jamais chegam a ver a loucura da magia social e a apóiam com toda a devoção. Quando ouço os argumentos defensivos dessa gente, não posso deixar de pensar: "eles protestam demais".

Evidentemente, como muitos descobriram, sempre é mais fácil entrar nesses grupos do que sair, e isso pode criar problemas bem maiores. A maior parte da magia social é apenas auto-ilusão inofensiva, mas certos grupos lançam mão de qualquer recurso para impedir que você siga seu próprio rumo. É perturbador ver que os grupos que pregam a liberdade só lhe permitem essa liberdade dentro das restrições de seu próprio sistema. Você bem pode estar num caminho — mas qual? E de quem? O caminho é realmente seu ou não? Mais precisamente: aonde ele leva?

A Busca de um Guru e o Mentor Mágico que Assume Controle Total Sobre os seus Protegidos

Se você se dedicar à busca, provavelmente encontrará pessoas que podem ajudar e o farão. O velho ditado que diz que "quando o aprendiz está pronto, o mestre aparece" é literalmente verdadeiro, pois o impulso interior busca respostas e alguém bem pode tê-las. Não há nada de errado em ter um mestre, contanto que primeiro você aplique as regras acima mencionadas. Nada mais deplorável que ver pessoas sensatas, que de outro modo estariam fazendo uso de seu juízo normal, jogarem a cautela para o espaço só para ficar ao pé de algum "mestre".

O Caminho Individual da Auto-iniciação

O único caminho realista para a magia é o do empenho individual na busca da verdade. Qualquer coisa menos que isso será inútil. Contudo, você pode aprender com a experiência alheia e, em alguns casos, trabalhar com outras pessoas, contanto que não abra mão de sua individualidade nem de sua liberdade. Em termos do nosso paradigma inicial ("o que entra = ao que sai"), o empenho individual é a entrada de maior qualidade. Portanto, a saída terá tudo para ser a ideal, em maior conformidade com o seu verdadeiro caminho de vida.

O fato de você ser uma pessoa diferente de todas as que há no mundo, naturalmente decorre de que há apenas um caminho a seguir: o seu próprio. Esse caminho leva à sua própria verdade, no que se refere ao seu verdadeiro eu e à sua relação com o universo. Nenhum mestre jamais poderá dar a você essa verdade, mas poderá mostrar o rumo por meio de um padrão realista de perfeição baseado em verdades universais — por exemplo, leis que se apliquem a qualquer um, qualquer que possa ser seu caminho individual. Você já conhece uma dessas leis. Embora se aplique a todos, ela permite total liberdade de expressão, pois essa é a natureza da verdade e da lei cósmica. Nunca trate o seu trabalho em magia como um passatempo, algo a que se dedica de vez em quando, sempre que dispõe de algum tempo livre. Se fizer isso, a lei segundo a qual "o que entra = ao que sai" lhe trará resultados decepcionantes.

O Pressuposto das Formas Divinas

A fim de operar Magia com eficácia, você precisa identificar-se com o mágico. Você precisa deixar-se levar além da linha da descrença por esse ilusionista cósmico, cuja função é deslumbrá-lo com sua engenhosidade, a ponto de aceitar que tudo é possível. Esse é o seu primeiro degrau na escada da iniciação.

A popularidade do tarô entre as artes divinatórias às vezes deixa em segundo plano a sua função como sistema da Magia aplicada.[1] Um exercício útil é conhecido como "o pressuposto das formas divinas". Mas não se deixe desanimar por causa da expressão. É tão fácil quanto copiar o estilo e os maneirismos de seu atual modelo. Os sonhadores o fazem com muita naturalidade. E a maioria das pessoas na verdade já está representando papéis que lhes são impostos pela sociedade e pela forma daqueles que pensam em massa. Isso implica reconhecer que, potencialmente, nada está além de seu poder de realização. O verdadeiro teste da realização é a capacidade de estar à vontade com seu verdadeiro eu e não ver os valores mundanos como outra coisa que não uma perigosa ilusão. Se você conseguir isso, nada poderá apagar de seus olhos a Magia — e você terá aprendido por si mesmo o grande segredo.

Use os seus conhecimentos do simbolismo d'O Mágico, a segunda carta dos Arcanos Maiores, que tem o número 1, e procure identificar-se com o personagem.

– 14 –

Um jovem está diante de um altar. Ele usa um manto vermelho e branco. Diante dele estão quatro armas mágicas: uma Espada, uma Varinha, uma Copa e um Pentáculo. Um símbolo da eternidade paira acima da sua cabeça. Ele segura uma Varinha com uma das mãos. A outra aponta para baixo, para a terra. Esses símbolos representam os símbolos que controlam os quatro elementos: Ar, Fogo, Água e Terra. O Mágico pode fazer qualquer coisa acontecer.

Analise a ilustração na manhã em que a Lua se torna Nova. Concentre-se n'O Mágico e transforme-se n'O Mágico identificando-se com seu caráter e comportamento. Durante os catorze dias seguintes (até a Lua Cheia), pense em si mesmo como o personagem por cinco ou dez minutos a cada dia, pelo menos. Em Magia, você escolhe o seu papel. Você já não é mais um ator que representa um pequeno papel na vida. Quanto mais estudar o significado dessa carta, mais fácil será essa representação. Ao fim de catorze dias, você terá concluído o exercício. Mas não o confunda com a Magia que você tem na mente: ela é apenas um retrato de memória.

A descoberta da Magia implica o reconhecimento da natureza ilusória do mundo material. A verdadeira sede da aprendizagem e o canal para a energia criadora está no subconsciente. Essa notável faceta mental é inerente a cada um de nós, e suas faculdades são monumentais. Ela é anterior à palavra falada ou escrita. Sua linguagem são as imagens e os atos. Ela lê o coração e obedece à Verdadeira Vontade. As línguas vêem o mundo como objetos e materiais no espaço, quando na verdade isto é uma ilusão causada por um processo vivo. A energia que causa o processo e cria a fantasmagoria que você confunde com a realidade é a força utilizada não apenas para realizar a Magia Prática como para sondar os mistérios da criação por meio da Magia Esotérica.

Sua Opção de Caminho

A Magia é a arte e a ciência de compreender e usar o vasto potencial do subconsciente. Essa ciência possui dois ramos, cada um dos quais lida com o subconsciente de uma forma diferente. É importante evitar confundi-los.

A terminologia atual divide a Magia em "alta" e "baixa". Essa não é uma boa descrição porque insinua que um dos ramos da Magia (o "baixo") é trivial e, portanto, abaixo de qualquer consideração, o que não é o caso. A classificação que divide a Magia em Prática e Esotérica é melhor. A Magia Prática volta-se inteiramente para o uso da força do subconsciente para obter resultados físicos concretos, como mais dinheiro, melhor saúde ou mesmo uma nova casa. Na verdade, tudo aquilo que aprimora o estilo de vida de uma pessoa insere-se no reino da Magia Prática. A Magia Esotérica, por sua vez, dedica-se ao estudo da Magia como tema em si, tendo entre seus objetivos metas menos palpáveis como a descoberta de verdades interiores e a compreensão da obra da criação.

Embora este livro se volte principalmente para a Magia Esotérica, os princípios básicos levam naturalmente aos estudos práticos das artes mágicas porque as mesmas regras básicas se aplicam a ambas as linhas de estudo. Entretanto, devemos lembrar sempre que, se não tiver aprendido a verdade sobre o mundo material e, mais que isso, se não tiver aprendido como controlá-lo, o mágico dificilmente fará algum progresso nas questões esotéricas. Em termos de Magia, a primeira verdadeira "iniciação" está na capacidade de dominar a ilusão material apresentada pela vida.

Sua Relação com o Universo

Nosso mundo foi criado por inteligências demoníacas (em oposição a angelicais) que queriam ganhar uma forma e um lugar além do Éden onírico de onde foram expulsas.[2] A humanidade é o veículo deliberadamente criado para a administração do mal no reino material. Só ela é geneticamente preparada para aquilo que nossos ancestrais chamaram de pecado original, e a eliminação implacável dessa poluição intrínseca é o primeiro passo da aspiração mágica ou mística.

O controle demoníaco não se limita ao homem ou à mulher comum que não despertaram, mas manifesta-se como a Entidade Grupal (ou Egregores) de qualquer corporação.[3] Estados, igrejas, jornais, comitês e associações beneficentes, assim como as gangues de rua, são dominados por uma Entidade Grupal demoníaca que não é nem humana nem a soma das personalidades de seus membros. Mas trata-se de uma identidade que exige reconhecimento e usa a imagem corporativa para esconder seu verdadeiro propósito: dominar o mundo material por intermédio do mal puro e maligno.

Mas o processo que cria este Vale de Lágrimas ou *Lachrymal Mundi* (Lágrimas do Mundo) — no qual a guerra, a fome, a peste e a morte reinam soberanas — traz consigo alguns elementos angelicais desse Éden onírico. Estes manifestam-se como aquelas raras virtudes que certas pessoas compartilham com os animais e a Natureza, as quais, exceto para o orgulho de Lúcifer, poderiam alçar a humanidade ao nível moral e à inocência das criaturas maltratadas pela arrogância psicopata.

É o brilho dessas raras virtudes angelicais dos que têm o coração puro e o espírito nobre que representa a única luz neste mundo que o *Homo sapiens* transformou numa demonocracia materialista. Você já despertou ou ainda dorme?

Magia Negra, Magia Branca
— Qual é a Magia Certa?

Muitos iniciantes ficam surpresos diante do fato de o treinamento ser exatamente o mesmo tanto para a Magia Negra quanto para a Magia Branca. Um mestre experiente pode usar a energia para qualquer coisa. A opção é inteiramente dele. Depois de muitos anos de treinamento, a maioria dos mestres deixa de ser suscetível a culpas induzidas pela Igreja, pelo Estado e pela sociedade. Eles entendem que esses três fantasmas da ilusão os separam da realidade e da magia. Para um mágico, a cor preta significa "criação manifesta" ou "idéia transformada em fato". Um artista ou inventor têm uma idéia, um pensamento em estado puro. Eles então a pintam ou constroem. O preto representa o artigo concreto, acabado. Portanto, a verdadeira Magia Negra volta-se para o resultado físico, em oposição ao pensamento puro, ou o lado espiritual, que é a Magia Branca.

Magia Esotérica

A Magia Esotérica procura ver além do óbvio. O que se busca é a verdade, e você logo aprenderá que os fatos aparentes nem sempre são verdade. Por isso, é loucura usá-los como base para a crença. A equação que consegue explicar a sua verdadeira relação com a energia da vida é:

Você = Seus Padrões de Crença = Energia

Essa declaração aparentemente simples explica todos os problemas da vida, além de lhe dar a chave para uma ampla reserva de energia.

Você

Você é dotado de um subconsciente capaz de grandes coisas, verdadeiros milagres. Como ele funciona? Talvez a melhor maneira de entender o subconsciente seja compará-lo a um imenso computador. Em primeiro lugar, ele não faz julgamentos morais em termos de certo ou errado, bem ou mal. Como qualquer computador, ele simplesmente age conforme instruções e procura segui-las à risca. Se você considerar o fato de que o mesmo computador pode controlar uma fábrica ou detonar uma bomba de hidrogênio, logo aprenderá a idéia.

O subconsciente não é nada menos que uma ferramenta a ser usada para criar aquilo que você quiser. O problema é que as pessoas perderam de vista essa verdade simples deixando que outros, menos informados, sejam padres e/ou líderes, pensem por elas.

Seus padrões de crença

Só a crença torna seu mundo aquilo que ele é. Você foi condicionado a crer na ilusão. Deixe-me ensiná-lo a crer na realidade.

Independentemente dos outros, seus padrões de imagem e de crença fazem o subconsciente trazer à sua vida todos os fatos concretos que têm relação direta com essas crenças. Essa é a base que torna a Magia científica uma realidade. Dito de maneira mais simples, *os pensamentos produzem coisas* — isto é, todo pensamento dominante causa um efeito. Observe que eu digo pensamento *dominante*, pois se cada pensamento fugaz tivesse energia, a vida de fato seria um problema ainda maior do que já é.

No caso do computador, é o tipo de programa usado que vai determinar como ele funciona. Exatamente o mesmo ocorre com o subconsciente. Dado um programa (crença), ele agirá sem hesitar conforme esse programa. Vê agora por que as coisas dão errado na sua vida? Os problemas não são criação de forças externas, do destino, da vontade de Deus nem mesmo de pragas — eles são causados por programação incorreta (crenças erradas).

O subconsciente é capaz de muitas coisas. Em primeiro lugar, ele pode e, de fato, afeta o lado concreto da vida por meio das crenças. Jamais se poderá superestimar o poder do subconsciente. Ele não apenas executa cada comando seu, mas também responde a todas as perguntas. É essa segunda capacidade que utilizamos na Magia Esotérica.

Energia

Sua capacidade de manipular padrões de energia estende-se a toda matéria física, desde a regeneração dos tecidos do corpo até a ocorrência de algo concreto em reação a seus desejos. Como suas crenças funcionam como instruções para o subconsciente, é óbvio que você fará o mundo físico reagir de acordo com essas crenças. Se você as alterar, seu futuro estará em suas próprias mãos, pois com certeza irá alterá-lo.

A Magia admite que até mesmo a solidez das rochas não é senão a ilusão criada pela energia pura dançando conforme um determinado padrão. Através da história, os melhores artífices sempre foram aqueles que comungaram com a energia que confere a ilusão da realidade tátil ao metal, à pedra, à madeira, ao tecido e a tudo mais. O artesão exímio é, portanto, um verdadeiro mágico. É por isso que você deve familiarizar-se com as artes básicas até perceber que sente e reage à alma das ferramentas e materiais. Em Magia, buscamos dissipar a ilusão material o suficiente para vivenciar a Magia interior.

Você tem vastas reservas de energia à sua disposição. Observe a energia da natureza, particularmente a enorme energia em ação nos céus. O Sol é um dos principais exemplos. Ele queima bilhões de toneladas de seu próprio combustível a cada dia sem jamais resfriar-se. Imagine se você pudesse utilizar uma força assim por apenas um segundo. A quantidade de energia que há no universo é imensa — e não está além de seu alcance. Muito pelo contrário. Ela faz parte da sua vida, e o seu subconsciente tem acesso a essa energia. O subconsciente lida com a energia; ele conhece cada combinação concebível e sabe como utilizá-las para alterar as circunstâncias de acordo com as instruções que recebe. Pode ter certeza de que, no esquema criador da vida, jamais faltará energia. Se ela por acaso viesse a acabar, o universo que conhecemos realmente seria inerte e sem vida.

A energia universal não é caótica — ela obedece a leis muito precisas. Caso contrário, a vida seria impossível. As sementes de repolho se tornariam diamantes. Mas isso não pode acontecer. Um repolho sempre é um repolho. Sua estrutura é determinada por leis precisas. Como é que você poderia fazer o milagre de transformar um repolho num diamante? A resposta está em alterar o padrão de energia, não em invocar o caos (ou os deuses). Embora você ainda não tenha o conhecimento para isso, é uma coisa que não se situa além do domínio da possibilidade. Afinal, um homem muito talentoso transformou água em vinho porque conhecia a lei da transformação e a aplicou.[4]

O subconsciente, que conhece cada padrão de energia que existe, tem a capacidade de alterá-los. Quando recebe uma instrução (na forma de uma crença), ele primeiro localiza o alvo, identifica seu padrão de energia e depois o altera para que entre em conformidade com a nova instrução.

A fim de entender a natureza e a obra dessa energia, precisamos encontrar um meio de dividi-la em partes. Embora vários sistemas o tentem, o melhor é a Árvore Cabalística da Vida. Esse incrível sistema permite-nos categorizar a energia — ou mesmo qualquer outra coisa — que há na vida.

O Tridente Mágico

Obtemos acesso ao saber e ao poder do subconsciente por meio:

1. da mente
2. das emoções
3. da imaginação

Essas são as pontas do tridente mágico. O cabo equivale à vontade. O uso dessas três abordagens será discutido mais adiante, mas, em suma, para ativar o subconsciente, é preciso que haja primeiro uma intenção. Ela é então dirigida para os níveis subconscientes através de algum ou todos esses três pontos de acesso. A vontade mantida equivale à crença, e esta sempre obtém resultados.

Causa e Efeito

Todos os pensamentos dominantes ou crenças que existem em seu subconsciente influem no sentido de fazer as coisas acontecerem. Além de boas ou más, elas podem ser inteiramente desconhecidas para o consciente. É muito fácil culpar forças exteriores ou supostos demônios. Da mesma forma, é fácil atribuir a ocorrência de algo agradável a um anjo bom. Mas a verdade é que você é que faz essas coisas acontecerem, e toda causa tem um efeito.

Você pode, por livre opção, fazer as coisas acontecerem usando essa mesma lei. Nesse caso, basta dar ao subconsciente uma nova instrução de um modo que ele possa entender. As técnicas usadas para tal empreitada são chamadas de Magia. Portanto, a lei de causa e efeito é uma lei justa e correta, pois procura dar a cada um aquilo que ele concebeu.

Todas as coisas — animadas e inanimadas, abstratas e concretas — são uma só substância. Tudo provém da fonte; portanto, tudo contém vida e está interligado. Quando você toca uma teia de aranha, a vibração ressoa por toda a teia. Se você está nela, pode sentir as vibrações. Tocar a teia da vida é enviar uma mensagem a tudo que existe na criação. Emitir um pensamento é fazer vibrar a teia da vida que conecta cada criatura viva à energia da vida através das leis de causa e efeito. Igual atrai igual, e a cada causa corresponde um efeito. Um pensamento mantido sempre alcança tudo que da criação com ele se harmoniza. E, em virtude desse fato, a energia cósmica e a inteligência universal reagem a seus pensamentos. O esforço é, assim, recompensado com a reação da energia; cada causa exige um efeito.

Decida-se, aqui e agora, a usar a lei de causa e efeito concentrando-se nas coisas que realmente gostaria de ter. Seja positivo. Não se prenda aos problemas; pense apenas nas soluções e não restrinja seus pensamentos ao óbvio. Eleve a vista e o pensamento acima do óbvio, e as energias da vida reagirão a esse novo modo de pensar. Seja ousado, seja otimista e seja entusiástico. Concentre-se no que deseja. Seus pensamentos terão efeito em níveis invisíveis de vida, além do óbvio.

Simbolismo e o Subconsciente

Depois de termos comentado algumas das verdades básicas da vida, vamos começar a construir uma ponte entre o níveis consciente e subconsciente.

A linguagem do subconsciente é o simbolismo. Ele não entende nenhuma língua; só símbolos. Há vários tipos de símbolos. Por enquanto, vamos analisar apenas os dois tipos principais: símbolos abstratos e pessoais.

Símbolos abstratos

Os símbolos abstratos, como a Cruz inscrita em um Círculo (veja a página 22), são formas extremamente fortes que transmitem uma infinidade de informações úteis. Quanto mais pensamos neles, mais informações nos transmitem. Essas informações vêm diretamente da memória — em outras palavras, do subconsciente. Usando símbolos mágicos, podemos obter informações mágicas de grande profundidade, pois o subconsciente não tem limites. É importante lembrar que os símbolos são *usados*; não devemos considerá-los sagrados nem transformá-los em objetos de adoração. Devemos tratá-los com respeito, mas *jamais* transformá-los em ídolos.

Símbolos pessoais

Ao contrário dos anteriores, os símbolos pessoais (ou telesmáticos) são personificações de algum tipo de atributo ou força desejável. Um arcanjo ou divindade planetária são exemplo desse tipo de símbolo. Embora sejam úteis em Magia, os símbolos pessoais devem ser mantidos em perspectiva. Lembre-se sempre que são *símbolos*, não existindo senão como tal na imaginação do praticante. O risco desse tipo de símbolo é que o praticante começa a crer no símbolo como uma realidade em si mesma. Quando alguém cria imagens telesmáticas (símbolos) do pior tipo, a lei de causa e efeito promoverá uma colheita maligna. Até que a imagem de Deus mude, a humanidade continuará a sofrer por causa de suas próprias crenças. A mensagem é simples: não use imagens telesmáticas se não as criar com qualidades desejáveis.

O Símbolo Mestre: a Cruz inscrita em um Círculo

É uma pena que a atual tendência leve o neófito ansioso a usar o Pentagrama ou o Hexagrama. O certo é começar com a Cruz inscrita em um Círculo, a qual, além de ser o símbolo mestre, é o símbolo do qual emanam todos os demais. Não há outro melhor para servir de base ao desenvolvimento da Magia.

A Cruz inscrita em um Círculo é o verdadeiro Círculo Mágico, no qual atuamos em níveis interiores. Antes de usá-la, você precisa entendê-la. A antiga idéia do mágico que luta contra os demônios dentro de seu Círculo Mágico protetor é

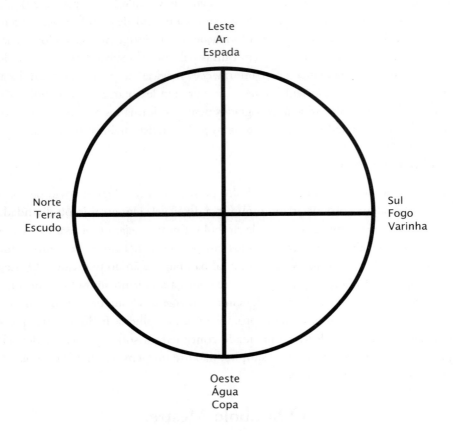

Figura 1. A Cruz Inscrita em um Círculo

incorreta. Em primeiro lugar, não existem demônios (imagens telesmáticas que personificam qualidades negativas). Em segundo, e mais precisamente, o círculo não tem valor se não for criado na mente. Pintá-lo no chão ou mesmo usar um círculo barato de plástico é absolutamente inútil, a não ser que você queira voltar à Idade Média.

Esse símbolo e algumas de suas principais atribuições estão na Figura 1. Não se deixe enganar por sua simplicidade. Se usado corretamente, ele pode evoluir para um sistema mágico complexo, que abarca tudo. Procure conhecê-lo melhor.

A Perfeição da Magia

Leia este capítulo pelo menos uma vez por dia e reflita sobre as idéias nele contidas. Pode ser que desafiem as convenções e talvez pareçam supersimplificadas, mas elas são corretas.

Eis outra fórmula mágica:

Paz = Energia

É praticamente impossível realizar um ato de Magia se a mente estiver cheia do *stress* e dos pensamentos do dia-a-dia. A importância da equação paz = energia vai além do que posso frisar. O acesso ao subconsciente é proporcionalmente restrito à atividade. O ponto alto do ritual, qualquer que seja ele, é atingido em estado de calma absoluta, pois a verdadeira energia está no centro silencioso e secreto que existe dentro de nós. Os truques desses pretensos mágicos que insistem em fazer das suas nos templos são antípodas da verdade. Você não precisa entrar no frenesi de um transe para comandar a energia, muito pelo contrário: precisa acalmar-se.

O relaxamento, principalmente antes do ritual, é essencial ao seu sucesso. Invista diariamente algum tempo em aprender a relaxar o corpo e a mente. Há várias técnicas para isso.

Praticando regularmente com a Cruz inscrita em um Círculo, você construirá uma ponte até o seu subconsciente. Como, sem ela, o contato com essa fonte de energia é limitado, procure praticar freqüentemente.

Você vai precisar de uma vela e um incenso qualquer (solto ou em varetas) para este exercício. Entre em seu templo ou lugar de trabalho (veja as páginas 25-26), queime um pouco de incenso, sente-se e relaxe, procurando libertar-se de todas as preocupações do dia-a-dia. Após o período que julgar adequado, pense sobre a idéia paz = energia. Deixe que as palavras *tranqüilidade, calma, imobilidade* e *silêncio* lhe venham à mente à medida que você se libera e relaxa profundamente. Não tenha pressa: deixe a paz interior ocupar o lugar da atividade normal. Ficar imóvel e em silêncio é o segredo para a verdadeira energia e verdade — vale a pena investir seu tempo em descobri-los.

Depois de atingir um estado de tranqüilidade satisfatório, acenda a vela, que agora simboliza essa paz interior e essa fonte eterna de energia. Reflita sobre o uso de uma vela com essa intenção. O simbolismo é muito importante na Magia, pois os símbolos e os atos simbólicos falam altíssimo ao subconsciente.

Agora imagine que está empreendendo uma jornada rumo ao espaço interior. Você vai diminuindo cada vez mais até enxergar cada célula que compõe seu corpo. Continue diminuindo até ver as moléculas, os átomos, as partes de cada átomo e assim por diante, até não conseguir ir adiante. Nesse momento, você terá atingido o silencioso centro da energia. Agora imagine que um ponto de luz se forma e vai se tornando cada vez maior e mais brilhante. Concentre-se na área do coração e imagine que essa luz vem dele. Ela cresce e continua a brilhar até irradiar todo o seu corpo.

Não deixe que o pensamento lógico atrapalhe — use apenas a imaginação sem tentar ser racional, crítico ou analítico. Como você vai descobrir, a lógica tem apenas um papel limitado na obra mágica. Devo dizer também que você não precisa esforçar-se para a visualização. Se conseguir visualizar, ótimo. Se não, procure não se concentrar em imagens vívidas. Em vez disso, deixe que a mente pense e reflita sobre cada idéia da mesma maneira que faz normalmente no dia-a-dia.

Na parte seguinte do exercício, você vai erguer o verdadeiro Círculo Mágico, a Cruz inscrita em um Círculo, na mente. É simples. Comece imaginando que uma flecha de luz vai do seu coração até um ponto qualquer imediatamente em frente. Esse é o leste mágico. Imagine que a mesma coisa acontece à sua direita. Esse é o sul mágico. Em seguida, visualize um feixe de luz semelhante ir do seu coração até uma distância similar atrás de você. Esse é o oeste mágico. Por fim, conclua a cruz cósmica imaginando que um feixe de luz sai de você em direção à esquerda. Esse é o norte mágico.

Começando a partir do leste mágico, imagine um círculo de luz conectando cada um desses pontos, um a um. Aí você terá uma Cruz inscrita em um Círculo, ou Círculo Mágico, completa. Reflita sobre esse símbolo por alguns instantes, deixando que as idéias e impressões lhe venham à mente. Para concluir, inverta o procedimento, deixando que a luz finalmente desapareça em seu coração. Apague a vela e volte ao normal.

Guarde um caderno para anotações mágicas, no qual possa escrever pensamentos, sentimentos, experiências e idéias. Não é preciso escrever ensaios densos; basta fazer breves anotações. Essas notas serão extremamente úteis futuramente. Enquanto isso, continue praticando este exercício com freqüência, pois ele constitui a primeira etapa na construção de um sistema mágico poderoso que seja verdadeiramente seu.

O Templo Mágico

A privacidade é um pré-requisito para a prática bem-sucedida da Magia. Simplesmente não é possível chegar ao estado de espírito certo se você estiver sujeito o tempo todo a ruídos e distrações. Você precisa de um local para trabalhar que não pertença à vida cotidiana. As circunstâncias ditarão onde ele será, dependendo do espaço disponível. Na análise final, você precisa decidir qual o tipo de templo que precisa. Abaixo, algumas sugestões de templos e equipamentos.

Templo permanente

Um cômodo à parte é o ideal. Ponha uma tranca na porta e cortinas nas janelas para proteger seu sigilo e segurança. Seja como for, mantenha seu templo e seu trabalho em Magia em segredo. Ainda existem muitos intolerantes ignorantes; portanto, procure evitar que eles o incomodem.

Templo temporário

Caso não disponha permanentemente de um espaço à parte, use o que puder. Um pouco de engenhosidade faz milagres. Muitas vezes é possível adaptar um quarto de dormir ou um galpão no jardim. Não tenha pressa: pense e descubra uma solução aceitável. Mais uma vez, a segurança e a privacidade são essenciais — ponha uma tranca na porta, invente uma desculpa aceitável para manter longe os curiosos ou simplesmente insista em manter sua privacidade. Você não vai conseguir concentrar-se plenamente no que está fazendo se estiver sempre com receio de ser incomodado por alguém.

Equipamentos do templo

Um templo, em essência, é simplesmente uma sala de trabalho. Nesse tipo de local, bastam os equipamentos necessários. A regra fundamental em termos de equipamento é: não levar para seu templo nada que não tenha uma boa razão para entrar lá. Além disso, antes certifique-se de entender plenamente sua função. Quando isso não é feito, os templos acabam parecendo entulhos, em vez de locais de trabalho bem organizados.

Você precisará de um altar. O altar é apenas uma superfície de trabalho. Ele pode ser um sofisticado cubo duplo ou simplesmente um pequeno armário ou uma mesa de centro. A opção é sua. Os mantéis são bastante úteis, já que dão cor aos rituais. Velas, porta-incensos e candelabros também são equipamentos básicos. As cores, formas e tamanhos, mais uma vez, são uma questão de gosto pessoal. Procure refletir sobre eles e não se deixe influenciar pelo que dizem os livros — escolha por si mesmo. As batas e capas são opcionais e, de qualquer modo, prescindíveis nos estágios iniciais. Em geral é melhor investir em simplificar seu sistema mágico o máximo possível. As idéias sobre as capas e tudo mais virão gradualmente, com o tempo e a experiência.

Finalmente, um templo mágico não é um local de adoração. É, digamos, simplesmente um laboratório psíquico, no qual você aprende sobre a sua energia intrínseca e também testa as suas idéias. Procure tratá-lo sempre com respeito e torná-lo um lugar especial, mas não o dedique aos deuses. Faça a ciência substituir a superstição.

CAPÍTULO 2

O Plano Cósmico, a Cruz Inscrita em um Círculo e a Esfera Cósmica

Os mistérios e os segredos da verdadeira magia jazem na compreensão do subconsciente. Você pode dar ao subconsciente uma instrução direta (como as que provêm de um ritual ou ato de Magia corretamente executado) ou inadvertidamente (por meio das crenças, sejam elas corretas ou não). O subconsciente sempre executa a instrução, não importa a aparência dos fatos. Essa parte de você mesmo é inteiramente ilimitada, criadora e onisciente. Como? Tocar a teia universal da vida é causar vibração. Como toda causa tem um efeito, pensar provoca a vibração da teia da vida que conecta todas as coisas, porque todas as coisas são um só ser sensível.

O Subconsciente — Energia Universal e Inteligência Universal

O fato de a Energia Universal ser tão precisa em sua ação sugere que há uma inteligência por trás dela. Essa Inteligência Universal é responsável pela criação conforme a conhecemos, pois ela dá forma à matéria inerte, transformando-a em objetos físicos reconhecíveis e dando-lhe vida. Esse processo criador é irrestrito e flui livremente. A criação dá vida e cria livremente; ela não restringe, destrói ou impõe sua vontade. Ela simplesmente *é* e, como tal, não pode ser senão benéfica.

Como ser humano, você tem um local muito especial no esquema da criação, já que também tem a capacidade de criar. Ao acreditar que isso pode ser verdade, você faz com que se torne verdade. Você tem o poder de criar e, de fato, pode criar e cria usando o mesmo sistema que opera no universo. Sua mente subconsciente usa a Energia Universal e manipula seus padrões conforme o necessário. Além disso, sendo parte do processo criador, ela é uma parte essencial da Inteligência Universal. Ela não é nada menos que o acesso do Deus interior a todos os aspectos da criação e às maravilhas dos mistérios da vida. Portanto, é verdade quando digo que temos uma linha direta com Deus. Você é muito maior do que imagina e de fato tem o poder de criar tudo aquilo que deseja, pois não há limites, a não ser os que você aceita.

O Subconsciente: a Mente Universal

Considere o simples fato de que, como indivíduo, você tem duas mentes. A primeira é o consciente, a parte de você que pensa. Você a usa o tempo todo para observar, avaliar. A outra é o subconsciente. Ele não está oculto, não é remoto nem exige muita destreza para ser usado. O subconsciente tem duas funções. Em primeiro lugar, ele cuida de todas as funções automáticas do corpo (a respiração, os batimentos cardíacos, a regeneração dos tecidos, o crescimento do cabelo). Em segundo, ele armazena informações em sua memória e age conforme seus desejos.

Você tem a capacidade para ser e ter tudo aquilo que deseja. Você está em contato com a criação. Todo mundo tem um subconsciente com exatamente a mesma capacidade de lidar com a energia ou comunicar-se à distância. Se você juntar todas essas mentes — não importa onde estejam, seja neste planeta ou em qualquer outra vastidão criada —, o que você obtém é uma Mente Universal. Com essa Mente Universal, você pode lançar mão de tudo que já foi pensado, pois tudo isso está armazenado nela.

Talvez você tenha lido ou ouvido falar da grande biblioteca simbólica de conhecimento chamada de Registros Akáshicos. Segundo antigas doutrinas místicas, o nome deriva da palavra sânscrita *akasha*, que significa "substância primária", ou seja, aquilo de que todas as coisas são formadas. Portanto, pode-se dizer que os Registros Akáshicos são os registros eternos e indeléveis da Mente Universal, que contêm todo o conhecimento do passado, do presente e do futuro. Naturalmente, não se trata de relatos que foram de fato escritos, mas de uma expressão da totalidade da sabedoria universal.

É fácil notar que o Registro Akáshico é simplesmente outra forma de expressar o fato de que, por meio da ligação universal entre todas as mentes, nada é esquecido.

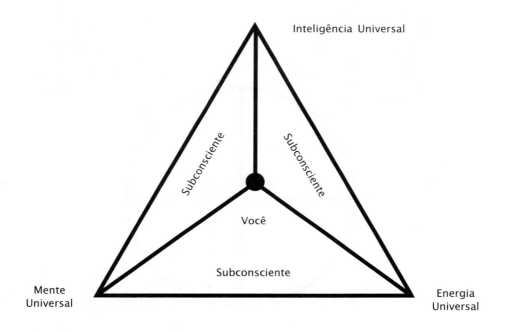

Figura 2. O Triângulo Universal

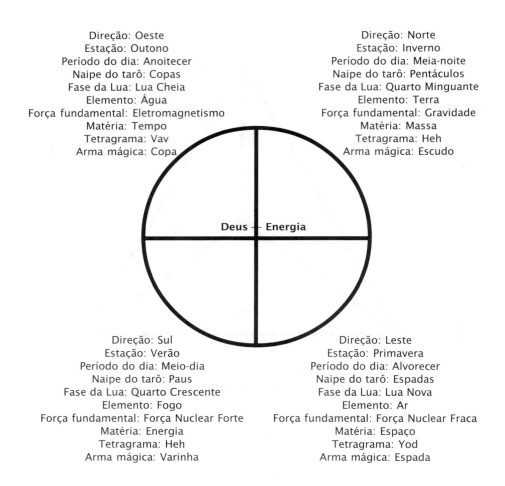

Figura 3. A Cruz Inscrita em um Círculo com Correspondências

Esse registro pode ser lido como se fosse um livro, literalmente. É evidente que isso deve ser feito pelo subconsciente de cada um, mediante as técnicas necessárias. Mas, enfim, ele está lá para ser explorado por quem quiser investir tempo e esforço para agir da forma correta. Na verdade, estamos todos interligados por meio dessa mente e temos a propriedade de abarcar a vastidão do tempo e explorar as incomensuráveis reservas de conhecimento e energia contidas na Mente Universal.

O esquema completo é representado pelo triângulo da Figura 2. Aqui, ele é usado para representar uma idéia, sendo, portanto, um símbolo. Analise-o cuidadosamente.

Símbolos

A chave para o subconsciente, principalmente do ponto de vista da Magia, está no uso de símbolos. Qualquer símbolo válido funciona como um elo entre você e essa poderosa parte de sua mente. Quando usados corretamente, os símbolos são as chaves que abrem a porta ao poder e ao conhecimento. Analisemos agora um símbolo para ver aonde ele nos conduz.

A Cruz inscrita em um Círculo

Deixando de lado os Pentagramas, Hexagramas e outros desenhos antigos altamente dúbios de eficácia garantida, olhe o símbolo mestre, a Cruz inscrita em um Círculo (página 30). Todos os demais símbolos estão contidos neste, o que o torna um ponto de partida adequado para a sua busca.

Há três formas de examinar um símbolo:

1. Pensando nele conscientemente.
2. Contemplando-o.
3. Meditando sobre ele.

O pensamento consciente lida apenas com o óbvio, mas tem sua utilidade. Assim, tomando a Cruz inscrita em um Círculo como ponto de partida, vejamos quais os fatos óbvios que vêm à luz.

Ela tem um ponto central do qual saem quatro braços, sendo o todo circundado por um círculo. O ângulo entre os braços é de noventa graus, e há quatro quadrantes. Isso aparentemente sintetiza o desenho e não revela nenhuma verdade profunda ou informação útil. Vamos dar agora um passo adiante e passemos à contemplação.

Como é um símbolo universal, você deve poder relacioná-lo com a vida. O número quatro nos traz à mente:

- Os quatro pontos da bússola (norte, leste, sul e oeste).
- As quatro estações (inverno, primavera, verão e outono).
- Os quatro períodos de cada dia (alvorecer, meio-dia, anoitecer e meia-noite).
- Os quatro naipes do tarô (Espadas, Paus, Copas e Pentáculos).
- As quatro fases da Lua (Lua Nova, Quarto Crescente, Lua Cheia e Quarto Minguante).
- Os quatro elementos (Ar, Fogo, Água e Terra).
- As quatro forças fundamentais que regem o universo (eletromagnetismo, força nuclear forte, força nuclear fraca e gravidade).
- As quatro divisões descritivas da matéria (espaço, tempo, massa e energia).
- O Tetragrama,[1] o nome quádruplo do Deus hebreu (YHVH, Yod-Heh-Vav-Heh).
- As quatro armas mágicas (Escudo, Espada, Varinha, Copa).

Há muitas outras atribuições quádruplas, mas levemos as coisas um pouco mais adiante usando a meditação.

Tome o símbolo e pense *nele* e *com ele*. Primeiro, pense sobre a lista de atribuições anteriores e tente relacioná-las ao símbolo. Sem dúvida, os pontos da circunferência da Cruz inscrita em um Círculo assemelham-se aos pontos da bússola (norte, leste, sul e oeste). Em seguida, encaixe as quatro partes do dia (alvorecer, meio-dia, anoitecer e meia-noite) na Cruz inscrita em um Círculo. Há uma relação entre o nascer do Sol, o alvorecer e o leste e, por isso, o alvorecer corresponde ao ponto leste da circunferência. Daí decorre naturalmente que, como o Sol atinge o zênite e emite o máximo de calor ao meio-dia, este deve corresponder ao sul. O Sol se põe ao anoitecer no oeste, deixando a escuridão da meia-noite no norte. Um exercício semelhante pode ser feito com as quatro estações. Experimente fazê-lo sozinho.

Os quatro elementos da Cruz inscrita em um Círculo

Em Magia, você encontrará muitas referências ao número quatro, desde o Tetragrama (as quatro letras do nome de Deus) aos quatro mundos do Cabalista e os enigmáticos quatro elementos do sábio. Diz-se que a criação teve início quando Deus pronunciou o próprio nome (o Tetragrama: YHVH). O nome de quatro letras criou tudo. A interpretação óbvia disso é que tudo na criação contém os quatro elementos e, portanto, os elementos regem tudo aquilo que existe. O esquema é facilmente explicado pelo símbolo. Caso se tome o ponto central como a representação de Deus dando início à criação, a energia então irradiou-se em quatro direções distintas (os braços da cruz), criando por fim tudo aquilo que é e sempre será (o círculo). Os pontos em que os braços juntam-se ao círculo são chamados de pontos cardeais, a cada um dos quais corresponde um elemento. A colocação correta desses elementos consta na Figura 3.

Agora você tem quatro pontos em torno do círculo nos quais pode agrupar ou categorizar tudo o que existe, sendo cada um desses pontos regidos por um elemento. Obviamente, a execução de uma lista completa de todos os eventos e objetos físicos que correspondem aos elementos demandaria mais de uma vida. Seja como for, isso não é necessário. Tudo que precisamos entender é que de fato há uma relação entre inúmeros grupos de correspondências e cada ponto e o elemento que o rege. Além disso, quando você fica dentro de sua Cruz inscrita em Círculo simbólica, você entra automaticamente em contato com toda a criação, agrupada em quatro pontos cardeais e seus elementos regentes.

Até aqui, você tomou o símbolo e olhou para fora, para o mundo. Agora você o verá de um ângulo diferente, olhando para dentro. Veja a Cruz inscrita em um Círculo sob a luz do que foi dito sobre o centro-Deus que irradia para fora. Cada braço da cruz representa um caminho. Naturalmente, é um caminho de mão dupla. Se você se lembrar agora de que seu próprio centro — ou Deus interior — é o subconsciente, o símbolo começará a revelar sua força em termos práticos. A relação entre o seu subconsciente, Deus e a Energia Universal já foi discutida. Tomemos a mesma idéia e tracemos agora uma correspondência entre ela e o símbolo da Cruz inscrita em um Círculo.

O centro da Cruz inscrita em um Círculo

Esse ponto central corresponde à energia de Deus, seja universal ou internamente, através de seu subconsciente. Ele é a sede da energia, por meio do qual você cria ligando-se a Deus e à energia. Desse centro irradiam-se quatro caminhos que estabelecem conexão com a vida cotidiana. Essa conexão final é chamada de ponto cardeal e corresponde a um elemento.

Os caminhos da Cruz inscrita em um Círculo

O centro e a circunferência são ligados por quatro caminhos, cada um dos quais de mão dupla. Primeiro: você pode canalizar a força contida no centro para o caminho, a fim de provocar mudanças físicas. Segundo: você pode usar um objeto concreto como objeto de contemplação ou meditação com o intuito de percorrer um caminho em sentido contrário, a fim de descobrir a verdade interior desse objeto. No segundo método, vários objetos e idéias que correspondem à natureza da energia que está sendo contemplada são usados em situações rituais como foco para a mente, que é estimulada pela sua presença.

Ao lidar com os elementos, você se vê diante de uma profusão de opções em termos de qual pertence a que parte do círculo. Para evitar ter de fazer longas listas de probabilidades, é bem melhor personificar cada elemento e tudo que ele rege utilizando um símbolo. A idéia é que um símbolo então represente um elemento em sua totalidade. Felizmente, isso não é tão difícil quanto pode parecer.

As quatro armas da Cruz inscrita em um Círculo

A tradição antiga fornece quatro símbolos válidos. São eles: Espada, Varinha, Copa e Escudo. Os quatro estão situados corretamente na Figura 3.

Cada símbolo, como os caminhos, pode ser usado em dois sentidos: para dentro e para fora. Por exemplo, a Espada pode ser usada para direcionar a energia do Ar ou como símbolo para contemplação ou meditação, para retornar à verdade central. Devo dizer que a representação física de cada arma não é necessária neste estágio. É muito mais importante trabalhar mentalmente com o símbolo primeiro. Seria ridículo comprar uma suposta Espada Mágica na esperança de que ela possa fazer grandes coisas acontecerem. São as percepções interiores que interessam — sem elas, uma Espada concreta é inútil. O mesmo vale para qualquer outro equipamento mágico. Primeiro você trabalha a idéia, criando gradualmente maior conscientização interior para, quando finalmente adquirir um objeto ritual, já ter estabelecido com ele uma relação pessoal. Esse *modus operandi* deve ser estendido também às outras três armas mágicas — a Varinha, a Copa e o Escudo. Voltaremos a falar sobre elas nos capítulos subseqüentes.

A Doutrina das Correspondências

O agrupamento de idéias e objetos concretos semelhantes é uma técnica mágica valiosa que merece análise. Você provavelmente já ouviu falar em listas de correspondências ou leu alguma em um livro. Aleister Crowley criou a 777 com o objetivo de categorizar certos itens, inserindo-os na Árvore da Vida.[2] A idéia mais antiga é sem dúvida a especulação de que tudo na criação é regido pelos planetas. Na verdade, enquanto tais, os planetas não regem nada. Trata-se de uma escolha infeliz de palavras. Seria mais correto dizer que há uma semelhança entre a natureza de uma energia planetária e um fato físico. Por exemplo: o ouro é regido pelo Sol. Aqui, a natureza do metal é semelhante à natureza do planeta. Existe uma afinidade entre os dois.

Há uma idéia equivocada de que basta reunir alguns dos itens que correspondem a um determinado planeta para atrair a sua suposta energia. Isso não é rigorosamente verdadeiro. Embora se possa dizer que esses materiais podem vibrar à mesma freqüência ou mesmo, em certos casos, aparentemente emitir energia, a reunião de materiais afins por si só não faz a energia fluir. Por exemplo, não adianta absolutamente nada reunir ouro, sementes de girassol, incenso e um Hexagrama numa situação ritual. Você é a única coisa que pode fazer a energia fluir. Jamais esqueça que as coisas que se usam ritualmente não são mágicas: elas são simplesmente suportes para a concentração.

A Cruz inscrita em um Círculo é o verdadeiro Círculo Mágico, dentro do qual você permanece simbolicamente durante a obra mágica. Até agora, ele é apenas um círculo simbólico. Para usá-lo, você deve relacioná-lo à vida e ao universo. A doutrina de correspondências lhe servirá muito bem. Se a Cruz inscrita em um Círculo abarca tudo que há na criação, todas as coisas devem relacionar-se a esse símbolo. E, de fato, assim é.

A Cruz Inscrita em um Círculo Torna-se a Esfera Cósmica

Até este momento, sua Cruz inscrita em um Círculo foi bidimensional, a representação plana de uma realidade tridimensional. Passemos agora dos círculos planos à idéia das Esferas Cósmicas. Para tanto, será preciso expandir a Cruz inscrita em um Círculo da maneira a seguir.

Imagine que dois raios saem verticalmente do centro; um para cima e outro para baixo. Eles são abarcados por mais dois círculos, criando os três anéis do Cosmos. Para auxiliar a visualização, eles são mostrados na Figura 4.

Você agora possui um centro, três anéis e seis pontos nodais. Para completar seu esquema cósmico, você precisa de atribuições para os pontos superior e inferior. Com os elementos, você está lidando com a expressão e subseqüente manifestação de energia de quatro diferentes maneiras. Os pontos superior e inferior equivalem a oferta e demanda. Olhando para cima, vê-se Deus, ou o Pai Magnânimo, fonte da energia. O Pai Magnânimo dá e, portanto, é positivo. O ponto mais baixo obviamente é o inverso e, assim, equivale à Mãe Natureza, ou Mãe-Terra. Ela é receptiva e, portanto, negativa. A palavra "negativa" aqui não tem nenhum sentido pejorativo. Naturalmente, além de um símbolo, há um caminho desde o centro até cada ponto que, mais uma vez, funciona nos dois sentidos. O ponto superior é simbolizado por uma Coroa, e o inferior é representado por um Cubo.

Agora você tem uma Esfera Cósmica tridimensional completa, a qual possui um ponto central de energia cuja periferia abarca tudo aquilo que há na criação. A simples Cruz inscrita em um Círculo tornou-se uma Esfera Cósmica; tudo que resta agora é individualizá-la. Isso é feito com paciência e prática, pela tentativa de incutir nela apenas as idéias que sejam válidas e verdadeiras para você.

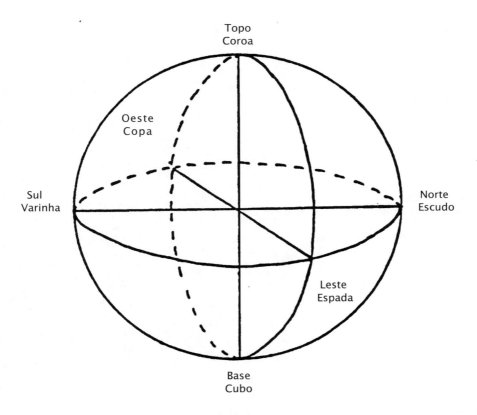

Figura 4. A Esfera Cósmica

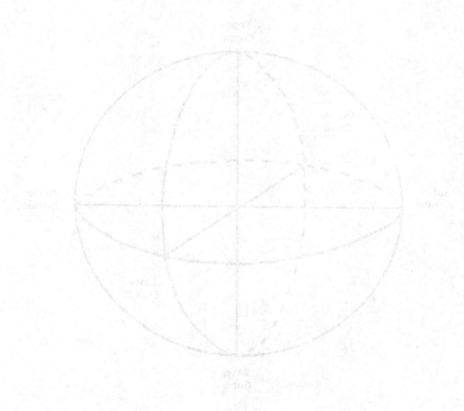

CAPÍTULO 3

SIMBOLISMO, OS QUATRO ELEMENTOS E AS QUATRO ARMAS MÁGICAS

Como aprendiz de Magia, você teria uma desculpa por pensar que levaria anos para esclarecer a confusão e as contradições atualmente existentes no esoterismo moderno. Mas não serão necessários anos de estudo torturante, se houver um plano de ação que faça uso de um simbolismo válido. Todo o processo equivale à aprendizagem de uma língua. A forma mais difícil é comprar pilhas de livros para depois tentar entender alguma coisa sozinho. A mais fácil é achar um professor ou matricular-se num curso que o ajude a entender a matéria através de etapas sucessivas, dos primeiros princípios à proficiência. Assim se passa com a magia. Você deve começar pelos princípios básicos, utilizando um plano de ação sensato. Levará um certo tempo, mas compensa o esforço em termos de uma real compreensão e avanço pessoal.

Símbolos em seu Plano de Ação

A Magia funciona graças à sua capacidade intrínseca de usar a energia e o saber do subconsciente. Para ter acesso a essa poderosa parte de si mesmo, você precisa usar uma linguagem que possa ser entendida tanto por você quanto por ela.

A única linguagem que obtém resultados é a do simbolismo. Muitas vezes, vemos os símbolos sofrerem abuso, portanto, para evitar perda de tempo, tentemos analisá-los de uma forma realista.

Existem três tipos de símbolos:

1. Abstratos: Em geral, são formas geométricas, como o Pentagrama, o Hexagrama e a Cruz inscrita em um Círculo, juntamente com o círculo, o quadrado, o triângulo e assim por diante.
2. Personalizados: Deuses, arcanjos, espíritos, demônios — na verdade, qualquer ser tangível de forma humanóide, criado em séculos de adoração, terror, sacrifícios sexuais, sangue e outras técnicas conhecidas para provocar transes mágicos.
3. Físicos: Todo o equipamento mágico, como as armas, o altar, as velas e até mesmo o próprio templo.

O uso de símbolos abstratos, geométricos, é essencial a qualquer sistema mágico. Eles devem ser trabalhados em níveis interiores de conscientização, a fim de poderem obter reação subconsciente.

Existem diversos símbolos personalizados, desde o Deus dos cristãos ao mais modesto dos espíritos. Jamais cometa o erro de pensar que eles existem como entidades vivas — não é assim! O símbolo, qualquer que seja a sua natureza, funciona como um intercâmbio entre você e o tipo de energia com a qual você almeja entrar em contato, seja para utilização direta ou com o intuito de adquirir conhecimento. Tais símbolos têm seu uso quando são tratados com sensatez. O problema é que muitas vezes não o são!

Os símbolos personalizados — ou imagens telesmáticas, como são conhecidos — de fato têm seu uso dentro do esquema das coisas. Por exemplo, se você deseja abordar um certo tipo de energia — digamos, o elemento Ar —, creio que concordará que é difícil "conversar" com seu símbolo, a Espada. Porém, se você imaginar que há alguma forma de inteligência por trás desse elemento (como de fato há), será bem mais fácil lidar com ela em termos humanos — em outras palavras, criar a imagem de um ser com o qual você possa conversar. A outra alternativa consiste em usar alguns dos telesmáticos de maior sensatez, como os arcanjos Cabalísticos. Muito se tem a ganhar com esta técnica, contanto que você não atribua a esses seres imaginários nenhum poder sobre você. Isso seria loucura da pior espécie porque, tudo aquilo que você incutir em um símbolo, seja ele abstrato, personalizado ou físico, vai acabar provocando um efeito sobre seu subconsciente e, por isso, se manifestará no mundo físico. Caso precise trabalhar com imagens telesmáticas, faça-o à luz do bom senso, atribuindo apenas as qualidades mais desejáveis a cada imagem.

Em Magia, faz-se muito uso de objetos físicos. Isso é válido, contanto que, mais uma vez, o bom senso seja usado. É muito comum o aspirante a mágico correr para comprar peças essenciais de uma parafernália ritual, na esperança de que elas propiciem o fluxo da energia. Nada mais distante da verdade e, por isso, analisaremos este aspecto mais detalhadamente.

Tome, por exemplo, a idéia de uma Espada Mágica. Antes de comprar ou, se tiver talento para trabalhos manuais, fazer uma, pare e reflita. Que uso tem essa espada; o que representa; o que você vai fazer com ela? A lei mágica diz que tudo tem início com o pensamento, e assim é com os símbolos físicos. Pense primeiro para depois agir. Sem isso, falta contato e talvez sobrem despesas inúteis.

Criamos com o subconsciente através dos quatro canais da energia criadora. Daí naturalmente decorre que compreender esses canais é conferir-nos mais controle sobre essa energia. Isso é feito por meio de uma linguagem que o subconsciente entende: a linguagem simbólica.

O objetivo do verdadeiro mágico é ligar a natureza maior à menor dentro do eu. Para tanto, muitos usaram armas simbólicas para unir a materialidade à mentalidade. As quatro armas principais simbolizam os elementos: Ar, Fogo, Água e Terra. Os símbolos dos quatro elementos são a Espada, a Varinha (ou Bastão), a Copa e o Escudo.

A Espada (Ar)

A Espada representa a inteligência e a vontade criadora; a capacidade de conceber uma idéia e transformá-la em realidade através da ação.

O primeiro erro consiste em presumir que uma Espada concreta tenha energia — ela não tem! Você certamente vai ler a respeito de cerimônias elaboradas em que o mágico consagra sua Espada — o que, até certo ponto, é válido. Mas o que de fato está acontecendo é que a concentração e a dedicação aplicadas ao ritual estão fazendo a mente do mágico concentrar-se ao longo de certas linhas — neste caso, a Espada. Até certo ponto, isso provocará uma certa reação subconsciente, mas hoje em dia essas técnicas são desnecessárias. É muito melhor atualizar os procedimentos à luz da solidez da prática e do bom senso. Há diversas técnicas fáceis e bastante eficazes. Primeiro, você pode trabalhar a partir de um nível puramente consciente pensando em uma Espada mágica. Se você tivesse uma, qual seria seu formato, seu tamanho? Como seria o punho? Ela seria ornamentada com gemas preciosas? Pense sobre isso e faça desenhos até ter a certeza de que sabe qual é a sua Espada. Não aceite os modelos apresentados em livros-texto nem tratados de magia, pois isso equivaleria a derrubar por terra todo o objetivo do exercício. Procure a *sua* Espada e tente estabelecer *seu* contato com o elemento Ar. Use sua imaginação. Seu subconsciente não entende a língua que você fala; ele trabalha com símbolos e representações gráficas usados imaginativamente. Quanto mais você imaginar, melhor o quadro e maior a cooperação que terá de seu subconsciente.

Deixe que esse quadro imaginário o aproxime cada vez mais de sua própria energia. Existem diversas técnicas; esta é apenas uma delas: coloque-se dentro de seu Círculo Mágico dos quatro elementos, volte-se para o ponto cardeal apropriado (que, neste caso, é o leste) e use a imaginação para visualizar uma entrada amarela (já que o amarelo é a cor do Ar). Penetre através dessa entrada e veja um altar. Sua Espada está nesse altar. Olhe em volta de si para detectar a presença de qualquer outra coisa, talvez uma paisagem ou pessoas. Pegue a Espada mágica e sinta o ar soprando à sua volta. Você detém o controle; você está dirigindo o elemento Ar. Deixe que seu subconsciente registre suas impressões. Ao terminar, recoloque a Espada mágica no lugar. Volte por onde entrou, feche a porta e retorne ao normal. Feche o templo e anote tudo aquilo que achar importante para futura referência.

Técnicas como essa podem ajudá-lo muito a compreender o elemento Ar e a Espada mágica conforme você a vê. Não é preciso aplicar a técnica exatamente como a descrevi. Seja flexível e faça as variações que achar melhor. Você precisa relacionar o elemento Ar à vida na Terra, e a melhor maneira de fazer isso é pensar na Espada — naquilo que ela faz e como poderia ser usada. Reflita no dia-a-dia e procure encontrar Espadas e situações que fazem lembrar delas. Isso não é tão difícil como pode parecer. Não esqueça de fazer suas anotações. Trabalhando em ambas as direções, para dentro e para fora, você estará estabelecendo contato com o elemento Ar conforme este existe para você e a realidade da vida cotidiana. Isso é a verdadeira Magia.

Um dia, você provavelmente terá necessidade de comprar ou fazer você mesmo uma Espada de verdade. Você terá a vantagem de saber o que essa Espada é e o que representa para você. Ela será então uma verdadeira Espada Mágica, não se baseando nas idéias errôneas que outra pessoa possa ter sobre a Magia. Pelo fato de você ter trabalhado primeiro com a realidade interior usando o simbolismo, sua Espada Mágica terá a função de estabelecer contato instantâneo e altamente pessoal com a energia que se expressa pelo elemento Ar. A escolha é sua, pois a Espada tem dois gumes e corta dos dois lados: você optará pela superstição e aceitação ou pela realidade e verdadeira energia?

A Varinha (ou Bastão) (Fogo)

Assim como a Espada, a Varinha (ou Bastão; às vezes também Lança) Mágica é objeto de muita especulação. Comecemos por analisar a realidade que se esconde por trás desse importante símbolo. A Varinha representa o elemento Fogo. As varinhas representam governo, controle, autoridade e poder. Elas equivalem ao signo fixo de Leão, o signo da majestade. Observe como o símbolo da Varinha aparece constantemente, da batuta que o maestro usa para reger a orquestra até a maça parlamentar usada na Inglaterra, o cajado dos sábios e o báculo dos bispos.

Ao contrário da Espada, a Varinha precisa ser feita. Quanto mais individualizada cada arma, melhor; portanto, não tem sentido imitar os modelos alheios nem comprar uma varinha pronta. Pense algum tempo sobre a Varinha — o que significa, o que representa. Assim como fez com a Espada, trabalhe a realidade interior antes de decidir-se por um modelo. A Varinha Mágica representa uma forte ligação positiva entre o céu e a terra, ou a energia e a atividade. A finalidade da Magia é usar a energia para produzir resultados físicos, e isso deve ser incorporado à Varinha.

Seja realista e procure incorporar uma prática mágica significativa no processo de construir sua Varinha. De nada adianta arrancar um galho de uma árvore e depois gravar nele símbolos obscuros. Pense. Use sua engenhosidade e sua imaginação ao longo de todo o processo. Comece por selecionar cuidadosamente o galho — qual o tipo que você vai usar? (Aveleira é a tradicional, mas a escolha é sua.) Qual o comprimento? Quais as características naturais que a peça deve ter?

Selecione o galho, corte-o no comprimento desejado e depois solte a imaginação. Talvez uma ponta possa trazer um símbolo de energia, como uma pequena cruz, uma pedra preciosa ou, melhor ainda, um meteorito. Na outra extremidade, coloque algo que simbolize a Terra, como uma pedra negra lisa ou uma Cruz inscrita em um Círculo. Analise a madeira que representa o elo que liga esses dois pontos. Você poderia pintá-la de branco (para simbolizar a luz) e, no meio, pintar uma faixa (para representar o Sol). Ou então pintar faixas coloridas alternadas que representassem os planetas. Começando pelo alto, pinte uma faixa preta (Saturno) e mais uma azul (Júpiter), vermelha (Marte), dourada (o Sol), verde (Vênus), laranja (Mercúrio) e, finalmente, uma prateada (a Lua). Além de causar impacto visual, isso é correto do ponto de vista simbólico. A energia tem início no alto, passa pelos planetas e provoca seu impacto final na realidade da Terra. Ao trabalhar com a Varinha em Magia planetária, segure-a em diferentes posições, conforme o planeta conjurado.

Existem várias outras possibilidades como, por exemplo, o conceito da Lança. Você poderia pintar sua Varinha para que representasse o Fogo. Prenda uma ponteira de metal em uma extremidade e pinte-a de preto para representar a energia ganhando existência na Terra. A outra extremidade pode ser pintada de dourado ou ostentar uma pequena gema engastada, para representar a energia da luz. As possibilidades são infinitas, mas é preciso que você mesmo decida e você mesmo *faça* esse importante símbolo, pois é o envolvimento pessoal que cria uma Varinha realmente poderosa.

A Copa (Água)

A Copa Mágica representa a essência da vida, o transbordar do amor divino. Ela renova, rejuvenesce, revitaliza. Ela é a mãe divina, a grande dama da Natureza. A Copa é súplica, humildade. As operações mágicas empreendidas são a prece, a purificação e a cura.

A Copa não é de modo algum uma arma; ela é um receptáculo. Contudo, não é um símbolo menos potente que os outros três. A Espada e a Varinha são ativas, pois ajudam-nos a fazer coisas, seja por pensamentos ou atos. A Copa e o Escudo são passivos, pois recebem. A Copa contém as águas eternas da vida, que podem ser bebidas quando se tem necessidade. O Escudo é o receptor de nosso plano de ação na Terra ou dos padrões de crença que moldam a nossa vida.

A Copa é o único receptáculo do Círculo Mágico. Diz-se que as copas contêm — mas o quê? A resposta é: tudo. O elemento Água simboliza a consciência — e aqueles que se dedicam às questões mágicas sabem que a consciência faz parte de tudo o que há no universo. A consciência, ou energia da vida, é o quê mágico que dá vida ao que está inerte. Sem ela, os objetos não podem existir. A consciência está em tudo o que existe, até mesmo em um fragmento de rocha morta. Essa rocha supostamente morta está bem viva. Seus átomos e moléculas estão em constante vibração e movimento, mesmo que não possamos vê-los.

A Copa contém tudo, tudo tem consciência e a consciência reage à intenção mágica por intermédio da mente, da imaginação e das emoções. Trabalhando juntas em sua forma mais pura e poderosa, a mente, a imaginação e as emoções criam o amor. Assim como a Natureza nos oferece água (sem a qual a vida não poderia existir) em abundância, Júpiter nos oferece a abundância total, sem condições nem ressalvas. Isso é amor em sua forma mais elevada. O amor terrestre muitas vezes é completamente incompreendido e possessivo. O verdadeiro amor liberta. O verdadeiro amor não implica condições. Dar uma Copa é amar completamente. Você está dando simbolicamente àquela pessoa o meio de atingir as aspirações próprias mais sublimes, sem condições nem limites.

Dedique um bom tempo ao trabalho com este símbolo e sintonize-se a ele de todas as formas que conseguir arquitetar. Pense em sua Copa, conheça-a da maneira que melhor lhe convier. Procure observar as Copas existentes no cotidiano e medite sobre o símbolo, construindo gradualmente uma familiaridade própria. Não copie as idéias alheias. A imitação nunca traz resultados na obra mágica.

O que importa é a idéia que está por trás da Copa, não a sua representação física. Não se precipite nem compre cálices de ouro ou prata. Tampouco se decepcione se ganhar uma Copa simples de cerâmica ou de vidro. A realidade interior, a capacidade de trabalhar com o símbolo *usando* o objeto concreto é o que realmente importa.

Sempre penso em quanto o dar e o receber são mal compreendidos. Da mesma forma que é errado tirar sem nunca dar, também é errado sempre dar sem receber. Se alguém lhe der um presente, aceite-o. A pessoa ficará feliz e você abrirá canais para dar e receber ainda mais. Muitas vezes, a incapacidade de aceitar presentes é apenas a ponta do *iceberg*, e um problema profundo e subconsciente está por trás dela, impedindo-nos de receber os benefícios da vida. Pois também a vida precisa ofertar. Se você não aceitar, estará bloqueando o processo criador e prejudicando a si mesmo. Aceite sempre, mesmo que não possa usar o presente. Você sempre pode dá-lo a outra pessoa.

Como sua Copa Mágica é sua ligação com a vida e sua natural abundância, use-a como tal. Ela tem muitos usos mágicos. Eis uma sugestão: encha-a de água boa e limpa, pense e medite sobre tudo o que eu disse. Contemple a abundância e deixe-a fluir para a água. Beba-a e deixe que essa abundância flua para a sua vida. A vida reserva essa promessa àqueles que buscam a realidade através de símbolos como esse. Desde as mais humildes mãos em concha até o próprio Graal, há um caminho de generosidade muito além de qualquer expectativa para todos aqueles que buscam receber. Portanto, peça à vontade usando a Copa e deixe que a vida cumpra a sua finalidade de promover a abundância criadora e infinita.

O Escudo (Terra)

O Escudo Mágico representa a matéria inerte, o mundo material, com todas as suas adversidades e lutas. Ele é o estado mais sombrio do ser e destina-se a representar qualidades etéreas no plano material, sendo análogo ao sal, que preserva a carne e, assim, a existência material.

O que é exatamente um Escudo Mágico? O que ele faz e como podemos usá-lo? Muito poucos tratados de Magia tentam responder a essas questões práticas, preferindo perpetuar superstições irrelevantes.

O Escudo Mágico pertence ao norte mágico e ao elemento Terra. Não interprete a palavra "Terra" num sentido demasiado literal — não me refiro ao solo nem ao planeta Terra. O verdadeiro elemento Terra é a matéria inerte, ou seja, a matéria sem vida ou forma — embora neste planeta não seja possível que alguma coisa seja realmente inerte, pois tudo contém energia vital e, assim, já é moldado pela Natureza. Uma boa analogia traça um paralelo entre a matéria e um pedaço de argila. Nesse estado, é praticamente inútil, é amorfo. Porém, modelando a argila, podemos criar qualquer coisa, de pratos a estátuas, conforme a nossa vontade, a nossa capacidade criadora e, naturalmente, nossa imaginação. Concebemos uma idéia e a transformamos em realidade modelando a argila conforme as nossas necessidades. Damos-lhe forma.

Imagine que voltamos muito atrás no tempo. Há muita água doce, mas não podemos beber senão colocando as mãos em concha. E dispomos apenas de argila informe. Primeiro surge uma idéia: uma vasilha ou recipiente inspirado nas mãos em concha. Essa primeira idéia corresponde ao elemento Fogo. Agora a imaginação entra em jogo, à medida que vai dando forma à idéia na mente, até que surja um quadro nítido. Esse processo imaginativo corresponde ao elemento Água. O elemento Ar entra em jogo quando pegamos a argila e, empregando a habilidade e a inventividade, procuramos torná-la a representação concreta do quadro mental. O resultado final é o recipiente em si, o qual corresponde ao elemento Terra. Uma massa inerte e informe tornou-se uma vasilha útil. Ambos correspondem à Terra, mas são diferentes em virtude do fato de uma idéia ter mudado a argila, dando-lhe forma. O elemento Terra está diretamente ligado ao lado material da vida e, para controlar a Terra, precisamos moldá-la. Precisamos imprimir-lhe o padrão de nossos verdadeiros desejos. É aí que o Escudo Mágico entra em cena.

Se quisermos construir uma casa, fazemos uma planta. Se quisermos construir um circuito eletrônico, fazemos o diagrama de um circuito. Ou, se quisermos exprimir uma idéia, nós a escrevemos. Todas essas são funções do Escudo, pois estamos transformando idéias em fatos físicos com a produção de um plano de ação. Em Magia, o Escudo representa a matéria inerte, e o projeto representa o plano de ação. Em outras palavras, é uma representação simbólica daquilo que queremos transformar em realidade física. Suponha, por exemplo, que a nossa intenção seja aumentar o valor do que ganhamos. Primeiro coletamos os fatos e, em seguida, criamos um projeto que os represente. O planeta tradicional do dinheiro é Vênus, cuja cor é o verde e o metal é o cobre. Portanto, para representar isso, o Escudo seria verde e ostentaria o símbolo de Vênus pintado em tinta cor de cobre. Os quatro setes do baralho do tarô poderiam ser colocados nos pontos cardeais, a fim de representar os quatro mundos, com a intenção escrita ao longo

– 46 –

da borda. Assim, teríamos criado um Escudo com perfeita sensatez, que representaria uma intenção e um plano de ação.

O único problema desse esquema é que, para outras finalidades, seria necessário outro Escudo, tornando o processo demorado e oneroso. As alternativas a seguir são bem mais adequadas. A primeira coisa é conseguir um Escudo apropriado. Agora, por favor, se resolver fazer um você mesmo, cuide para que ele se pareça com um Escudo. Um Escudo de bom tamanho ficaria em torno de 45cm de diâmetro. Ele pode ser cortado em materiais como folhas de compensado ou aglomerado. Pinte uma face de preto para representar a matéria e a outra de branco para representar a energia. Você pode usar o lado branco para projeção de quadros imaginários (algo que, com a prática, não é tão difícil quanto você imagina) ou pintar nele um símbolo universal que cubra todas as possibilidades. O projeto fica inteiramente a seu critério, conforme seus requisitos, mas a Figura 5 apresenta uma sugestão útil. Trata-se de um projeto que tem a vantagem de incorporar todos os elementos, planetas e signos do zodíaco e, por isso, cobre todas as possibilidades. Embora sua confecção exija uma certa perícia e paciência, vale a pena. Além de ser plenamente funcional do ponto de vista prático, ele é, em si, um símbolo muito bom para a meditação e a contemplação, podendo sem dúvida revelar muito àqueles que quiserem trabalhar com ele.

O Escudo em si não é uma garantia de sucesso. Ele não é mágico; é apenas um meio de concentração mental. Porém quanto mais você pensar sobre ele e trabalhar com ele, mais mágica sua mente se tornará, pois uma coisa aprimora a outra. Todas essas bobagens de comprar armas mágicas conforme as especificações constantes nos tratados de magia e depois esperar que a energia flua em sua vida são apenas isto: bobagens.

A verdadeira arma mágica é uma ferramenta. Primeiro, ela deve ser concebida na mente, para depois ir ganhando gradualmente existência física, com ajuda do pensamento e da perícia. Assim, você não apenas produzirá uma arma (que funciona como meio de concentração mental e símbolo de controle da energia), mas também seguirá o exemplo dado pelo Escudo: conceber, criar, construir e consolidar.

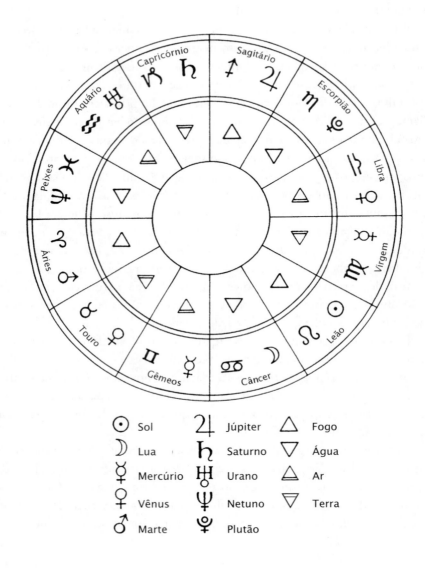

Figura 5. O Escudo Mágico

CAPÍTULO 4

Meditação, a Esfera Cósmica e o Templo Interior

Em todas as formas da verdadeira Magia, o que dá resultado é o trabalho interior (por exemplo, o trabalho de meditação executado com a imaginação). Sem esse trabalho interior, a Magia é vã.

A Meditação Mágica

A meditação permite-lhe penetrar os segredos interiores que o pensamento consciente obscurece. A meditação mágica é uma ferramenta que tem pouca semelhança com os estranhos métodos pseudo-orientais que se tornaram a norma. Na meditação mágica, você deve concentrar a mente numa idéia ou símbolo e deixar que ela traga à tona fatos ou percepções úteis. Para auxiliar a concentração, reúna palavras, cores, aromas, sons e tudo o que corresponder ao aspecto em questão. Esse é o verdadeiro propósito do ritual.

Vamos continuar a nossa discussão da meditação com a Espada Mágica. Primeiro, deixe de lado a idéia de que a Espada é usada para comandar demônios, espíritos e coisas que os valham. Isso é pura superstição. A Espada é o símbolo que controla o elemento Ar e pode ser usada de duas formas:

1. Como símbolo na meditação.
2. Como meio de direcionar as energias que correspondem ao elemento Ar.

A Espada representa tudo aquilo que é Ar. Entretanto, muito dependerá da sua capacidade de compreender esse elemento e estabelecer contato com ele. Resumindo, se você não souber muito a respeito dele, a Espada terá pouca utilidade. O processo de aumento do controle sobre esse elemento é então duplo: primeiro, procure aprender sobre ele e, segundo, sobre o símbolo que o controla.

O aprendizado sobre o elemento (ou qualquer tipo de energia) requer que você utilize a observação e a meditação. Para utilizar a observação, você precisará ver os objetos e situações do cotidiano com olhos que busquem similaridades com a Espada. Isso exige um pouco de prática, mas vale o trabalho. Mantenha um caderno mágico no qual possa anotar suas observações e relacionar os atributos percebidos. Isso não precisa ser feito em horários predeterminados nem como ritual. Em vez disso, deve tornar-se uma forma habitual de ver a vida ao longo de um canal específico — neste caso, através do elemento Ar.

A observação vê o lado físico da vida, através de uma estreita fenda, a fim de ajudar a mente a concentrar-se e, assim, compreender um modo específico de energia. Com a meditação, você usa um estreitamento da perspectiva, desta vez usando um símbolo para fazer com que o subconsciente lance imagens e idéias significativas. No caso do Ar, deve-se usar o símbolo da Espada. Para tal, crie a Esfera Cósmica conforme descrito (veja a Figura 4). Em seguida, concentre-se no leste mágico. Imagine uma entrada amarela com o símbolo do Ar. Penetre através dessa entrada e visualize uma Espada solta no ar. A partir daqui, deixe a imaginação trabalhar por você. Em vez de visualizar, deixe que as imagens e idéias surjam naturalmente. Isso requer um pouco de prática e pode ser a princípio um pouco decepcionante em termos de informações reais. Porém, se perseverar, você vai informar-se e aprender muito sobre a natureza do elemento e a finalidade da arma.

Não espere iluminação instantânea nem a revelação de um manancial de poderosos segredos mágicos. Não é assim que a coisa normalmente funciona. Na maioria das vezes, o aprendiz deve começar com pouco, trabalhando lenta e pacientemente rumo à aquisição do saber e do poder.

Anote todas as suas impressões no caderno. Faça breves anotações apenas; não há necessidade de escrever tratados intermináveis. Basta alguma coisa que sirva de estímulo à memória no futuro. Além disso, nos estágios iniciais muitas vezes é difícil compreender as próprias impressões e as imagens que evocam. Isso se deve ao fato de você estar lidando com o subconsciente, o qual, como sabemos, não fala português nem qualquer outra língua. Seja como for, algum dia você descobrirá o valor dessas anotações. A meditação regular ao longo de um canal específico como este propicia muito mais que notas úteis — ela contribui para que você se sintonize a essa energia de um modo que não é imediatamente aparente. Dito de outra forma, ela o ajuda a sentir essa energia por meio da familiarização.

O subconsciente atua de duas maneiras. Primeiro, ele fornece um *feedback* sob a forma de informações que têm probabilidade de ser úteis. E, segundo, propicia uma energia que pode ser direcionada conforme a vontade. Naturalmente, quanto mais você compreender o tipo de energia que está sendo trabalhado, melhor o resultado. Além disso, você provavelmente será mais bem-sucedido se souber como essa energia se manifesta em termos de domínio.

A regra sempre é: os que sabem certamente são mais hábeis ou bem-sucedidos que os que apenas *pensam* que sabem. Imagine que você compra uma Espada Mágica, fica de pé dentro de um símbolo da Cruz inscrita em um Círculo que acaba de pintar no chão e simplesmente espera que os deuses comecem a conferir-lhe suas bênçãos, bastando para isso um comando seu. Ridículo, não é? Agora, imagine que construiu sua Cruz inscrita em um Círculo com calma e perfeição, desenvolveu-a até que se tornasse uma Esfera Cósmica (processo que você aprenderá neste capítulo), concentrou toda a sua atenção no leste mágico e usou o símbolo de controle do Ar (a Espada) para conjurar (direcionar) energia para a meta desejada. Qual das técnicas tem maior probabilidade de ter resultado?

A Construção da Esfera Cósmica

A Esfera Cósmica é uma etapa essencial na obra mágica. Pratique este exercício com freqüência, de preferência diariamente, até dominá-lo bem.

Você precisará de:

- Cinco velas: uma branca (para representar o centro), uma amarela, uma vermelha, uma azul e uma verde (para representar os elementos). Coloque a vela branca no altar. As demais podem ser colocadas no altar ou diante da parede apropriada do templo.
- Um incensador. Coloque-o no sul (Fogo).

Para começar, relaxe e procure limpar a mente de todos os pensamentos cotidianos. Acenda a vela central, que simboliza seu próprio centro de energia, pare e contemple-a por alguns instantes. Imagine o Triângulo Universal diante da vela central e, mais uma vez, reflita por alguns instantes sobre a relação entre seu subconsciente, a Energia Universal e a Divindade.

Imagine um raio de luz que se dirige para o alto, formando o caminho entre o centro e a Coroa. Mais uma vez, faça uma pausa e procure sentir essa energia descendo em espiral sobre o templo. Agora imagine um raio de luz que se dirige para baixo, terminando por fim no Cubo. Pare e agora imagine essa energia subindo em espiral no templo. O estágio seguinte é estabelecer os pontos cardeais. Imagine um raio de luz indo em direção ao leste, acenda a vela amarela e depois imagine que uma Espada surge por trás dela. Faça o mesmo com os outros três pontos, um de cada vez, usando as imagens da Varinha Mágica no sul, da Copa no oeste e, finalmente, do Escudo no norte. Caso não tenha certeza quanto ao formato ou tamanho dessas armas, pense algum tempo nesses símbolos antes do exercício. Faça desenhos, contemple cada um deles e procure criar uma representação mental imaginária.

Então você terá estabelecido os seis pontos nodais. Faltará apenas conectá-los através dos anéis triplos do cosmos. Comece pelo ápice (Coroa) e imagine um círculo de luz que passa pelo sul, base, norte e retorna ao topo. Esse é o Anel 1. O Anel 2 (o Círculo Mágico) começa no leste e vai, em sentido horário, passando pelo sul, oeste e norte até retornar ao leste. Por fim o Anel 3 começa no topo e passa pelo leste, base, oeste e retorna ao topo. A Esfera Cósmica está concluída.

Queime um pouco de incenso e contemple esses pontos nodais e os caminhos que os interligam por algum tempo. Reflita cuidadosamente sobre eles, fixe-os na mente e deixe que as idéias surjam sem interrompê-las. Vá relaxando gradualmente até concentrar-se em apenas um aspecto, que pode ser um ponto ou um caminho; a opção é sua. Mantenha o símbolo (por exemplo, a Espada) na mente e deixe que a imaginação assuma o controle para ver o que acontece. Talvez você se veja caminhando em direção à Espada para pegá-la e examinar-lhe a lâmina. Não se esforce nem force nada; deixe que as imagens funcionem sem interferências. Feita assim, a meditação mágica revela muita coisa. A princípio, pode ser que as imagens e idéias não façam sentido. Não perca tempo tentando racionalizá-las; em vez disso, faça breves anotações para futura referência. Acredite: eu garanto que no final elas mostrarão todo o seu valor.

A meditação sobre um caminho também é bem simples. Pegue um dos símbolos (armas mágicas) e imagine-se caminhando ao longo de um caminho que conduz ao centro. Essa é apenas uma das possibilidades — o mais importante é que você se envolva com a Esfera Cósmica a seu próprio modo, usando suas próprias idéias e deixando a imaginação funcionar a pleno vapor.

Ao concluir, encerre invertendo o processo. Comece pelo norte, apague a vela e imagine raios de luz desaparecendo no centro. Continue ao longo do oeste, sul e leste. Por fim, visualize os raios verticais retornando ao centro, apague a vela central e deixe o templo para fazer eventuais anotações.

A Esfera Cósmica
torna-se o Templo Interior

Construa a Esfera Cósmica conforme descrito acima. Os três anéis da Esfera Cósmica formam o arcabouço do Templo Interior. É impossível duas pessoas terem a mesma idéia ou imagem visual de um Templo Interior. Cada um é diferente, em virtude do fato de que não há duas pessoas iguais. Portanto, eu não posso fornecer-lhe um guia exato da forma que ele terá. O que posso fazer, porém, é ajudá-lo a descobrir como é o seu por meio deste exercício criado especialmente. Ele o ajudará a entrar em contato com o seu subconsciente de um modo especial, que, por sua vez, fará o subconsciente dar-lhe idéias e imagens com as quais construir este estado essencial de percepção interior.

Escolha um local tranqüilo, de preferência um cômodo livre ou, se tiver a sorte, um templo. Relaxe, limpe a mente dos pensamentos cotidianos e, em seguida, realize o seguinte exercício. Não tente visualizar nada nem faça nenhum tipo de esforço. Simplesmente pense na jornada interior enquanto deixa a imaginação trabalhar por você.

Respire leve e lentamente. Relaxe. Deixe para trás todos os pensamentos do dia-a-dia. Não pense em nada que não as emocionantes possibilidades que o aguardam, à medida que inicia uma jornada rumo a um local especial: os recônditos mais profundos da mente. Esse é um lugar só seu. Ninguém pode chegar até ele, exceto os poucos que você quiser convidar. Nesse lugar você é quem detém o controle, você é o senhor, você é quem manda e recebe. Aí as forças naturais existem em abundância. Elas estão ao seu dispor: são suas para utilizar e compreender, pois fazem parte de você. Elas são força de vida e dão forma segundo suas ordens. Relaxe e deixe que o subconsciente e todo o seu vasto potencial trabalhem por você, pois é nisso que está o segredo de qualquer obra mágica.

Imagine-se diante da porta que leva ao seu Templo Interior. Não é difícil entrar, pois ela é a passagem que conduz à sua própria realidade interior. Ninguém pode impedir-lhe o acesso a esses domínios e não há nada a temer, pois aí nada de mau pode existir. Na imaginação, caminhe até a porta, estenda a mão e toque-a. Ela se abre com facilidade. Entre e olhe em volta: você está em uma sala grande e quadrada.

Gravado no chão está o símbolo da Cruz inscrita em um Círculo. É como se ele fosse feito de luz, com cores que se alternam constantemente de modo aparentemente aleatório. Só que não há nada de aleatório nessa alternância, pois as cores mudam de acordo com o ritmo das marés da natureza. Vá até o centro e olhe em torno de si. No meio de cada uma das quatro paredes há uma porta, através das quais você pode ir e vir quando quiser. No centro desse Templo Interior está uma pequena nascente em que a água se acumula em um círculo.

Agora concentre-se no que está no alto. Veja o símbolo da Coroa e reflita sobre o que é Deus. Você pode fazer a energia fluir desse ponto quando quiser. Veja isso como um clarão que transborda abundantemente de cima para baixo.

Agora concentre-se no leste mágico. Logo à sua frente está uma porta amarela encimada por uma Espada. Nessa porta vê-se o 10 de Espadas do tarô. Toque-a e ela se abrirá, revelando um caminho que conduz ao sol nascente no alvorecer. Corre uma brisa leve, e você a sente na pele. Agora deixe que a luz que veio do alto penetre em seu Templo Interior. Essa luz é amarela.

Concentre-se no sul mágico. À sua direita, está uma porta vermelha encimada por uma Varinha Mágica. Nessa porta vê-se o 10 de Paus do tarô. Toque-a e ela se abrirá, revelando um caminho iluminado pelo sol do meio-dia. Sinta o calor do dia de verão. Deixe que a luz vermelha penetre no Templo Interior.

Agora concentre-se no oeste mágico. Atrás de você, está uma porta azul encimada por uma Copa. Nessa porta vê-se o 10 de Copas do tarô. Toque-a e ela se abrirá, revelando um caminho delicado que conduz ao mar, iluminado pelo sol poente. Sinta o frescor da noite e deixe que a luz azul penetre através da porta do oeste.

Finalmente, à sua esquerda, o norte, está uma porta verde encimada por um Escudo Mágico. Nessa porta vê-se o 10 de Ouros do tarô. Toque-a e ela se abrirá, revelando um caminho iluminado apenas pelas estrelas. Sinta a paz e a tranqüilidade da noite e deixe que a clara luz verde penetre através dessa porta.

As quatro portas agora estão abertas. Volte à nascente no centro deste templo e medite sobre essa energia e sua finalidade. Procure ver o fundo. A nascente dará respostas às suas perguntas. Deixe que as imagens lhe venham à mente.[1] A duração da meditação na nascente fica a seu critério, mas geralmente cinco minutos são suficientes. Decorrido o tempo necessário, observe como cada uma das coloridas luzes elementais vai esmaecendo até desaparecer atrás de suas respectivas portas, percebendo que elas agora vão prosseguir até obter a existência física, personificada pelo ponto mais baixo da Esfera Cósmica, a Pedra Cúbica Negra. À sua frente está outra porta cuja madeira ostenta uma Cruz inscrita em um Círculo profundamente entalhada. Toque-a, veja-a abrir-se, cruze-a e volte ao seu próprio mundo mais uma vez. Feche a Esfera Cósmica e faça suas anotações.

Outros já buscaram e encontraram seu próprio lugar. Agora você precisa fazer o mesmo. Essa não é uma tarefa difícil — na verdade, é bem mais fácil do que você imagina. Basta desejar para encontrar esse lugar. Eu não posso descrevê-lo, pois você é a única pessoa que sabe onde ele fica e como é. Ele pode ser uma caverna, um bosque secreto, um templo no alto de uma montanha ou nas profundezas da terra. Procure-o e o encontrará. Pode voltar quantas vezes quiser, pois esse lugar lhe pertence. Ele é cheio de segredos e tem muito a oferecer-lhe em termos de sabedoria prática em questões de Magia.

Tantas vezes as imagens provenientes das profundezas do subconsciente nos parecem difíceis de traduzir. Estamos aprendendo uma nova linguagem, a do simbolismo. Porém, com perseverança, acabamos por conhecer os meandros da mente mais recôndita. Após estar familiarizado com essa jornada interior e haver encontrado esse lugar especial, seu próprio Templo Interior, você pode ritualizá-la. Construa os anéis triplos do cosmos como descrito anteriormente e use a imaginação para entrar no agora conhecido Templo Interior. Realizando sua obra mágica dentro dessa estrutura, você notará uma clara melhoria, pois está lidando diretamente com o subconsciente de uma forma altamente pessoal. Se tiver vontade e paciência para encontrá-lo, o Templo Interior lhe ensinará tantas coisas que é até difícil descrever. Depois que o encontrar, guarde-o para si. Mantenha-o em segredo porque ele não é um lugar que deva ser assunto de conversa das pessoas.

Vendo Duas Coisas ao Mesmo Tempo com a Imaginação

Como é possível ver a Esfera Cósmica com o olho da mente enquanto se imagina outra coisa, como, por exemplo, abrir a Esfera Cósmica e imaginar as quatro passagens dentro do Templo Interior?

É simplesmente uma questão de memória. Imaginar várias coisas diferentes ao mesmo tempo é difícil, se não impossível. Felizmente, você não precisa fazer isso. Ao construir a Esfera Cósmica, você estabelece cada parte na memória. Você passa sucessivamente por cada estágio, concentrando-se apenas no que for necessário. Por exemplo, você imagina a luz central e, em seguida, imagina o primeiro de seis braços. Não é preciso manter na imaginação a imagem da luz central constantemente porque ela existe na sua memória. Você faz isso e outras coisas semelhantes no dia-a-dia. Por exemplo, imagine-se dentro de uma sala, diante de uma janela. Você veria a janela bem claramente. Agora, se você se virasse e olhasse para a parede oposta, você veria essa parede. Mas saberia que a janela existe, pois teria acabado de vê-la. E poderia revê-la na imaginação porque a imagem dela está

– 55 –

armazenada em sua memória. Da mesma forma, após estar familiarizado com a sala, você saberia como ela é em cada detalhe, mesmo que não a visse de fato.

O mesmo acontece com a Esfera Cósmica — usa-se a imaginação para criar uma sala imaginária na memória. Durante todo esse processo de construção, você conclui cada estágio antes de passar ao seguinte. Portanto, você está livre para concentrar-se na nascente, pois sabe que a Esfera Cósmica existe em sua memória.

Como essa Esfera Cósmica é imaginária, seria muito fácil dizer que o conceito não vale nada, mas não é esse o caso. Qualquer construção deliberada de um padrão simbólico afeta o subconsciente, pois você está usando algo que, na verdade, é uma linguagem poderosa, compreendida pelo subconsciente. Portanto, é preciso tratar esses símbolos com respeito e procurar usá-los com freqüência. Além disso, deve-se ter em mente que eles não são sagrados e, por isso, adorá-los é pura tolice. Por fim, símbolos não se destinam a adorno, não devem ser usados como adereços nem amuletos. Quem faz isso demonstra uma profunda falta de compreensão da verdadeira natureza dos símbolos.

CAPÍTULO 5
RITUAIS MÁGICOS

O ritual mágico é simplesmente um meio de concentrar a mente, as emoções e a imaginação numa determinada intenção, seja ela esotérica ou de ordem puramente prática. Portanto, os rituais nos ajudam a nos concentrar num canal de percepção específico. Uma boa comparação estaria no uso de um rádio. Você usa o sintonizador para selecionar com toda a precisão uma estação e, depois, aprimora o sinal ajustando os controles de som e volume. O ritual mágico funciona da mesma forma, ajudando o mágico a orientar-se conforme padrões de energia selecionados.

Os rituais possuem diversas fases gerais. A primeira e mais importante é esclarecer qual a sua intenção. Há uma boa razão para isso: as intenções que carecem de definição ou força não atingem o nível subconsciente porque as barreiras conscientes normais ainda estão em ação. Antes do ritual, reflita cuidadosamente sobre suas intenções e anote quaisquer dúvidas assim que elas aflorarem do subconsciente para o consciente. Essas coisas precisam ser contornadas, por isso você deve pensar positiva e ativamente sobre elas até que a intenção esteja absolutamente clara em sua mente. Assim, quando você realizar o ritual, sua mente não será afligida por dúvidas, incertezas nem pensamentos negativos. Ela deve estar o mais lúcida possível; do contrário serão poucas as chances de sucesso.

Com relação às intenções, é de fato importante começar aos poucos e ir gradualmente, mas sempre, capitalizando a cada êxito. Antes de praticar a Magia, você não pode realmente crer. E antes de realmente crer, você não pode usar a Magia. Portanto, se começar com pequenas operações mágicas, será mais fácil "enganar-se" até ultrapassar o limiar da dúvida. Assim, você terá muito maior probabilidade de sucesso.

Em seguida, planeje o ritual. Isto é, providencie todo o material que será necessário (velas, incenso, adereços de cores específicas para o altar etc.). Depois que os detalhes estiverem resolvidos, você deve estar com tudo muito claro na mente e certo daquilo que está fazendo.

Por fim, entre no templo e relaxe. Procure limpar a mente e, após estar completamente relaxado, dirija-a para a intenção. Nesse momento, você estará pronto para abrir o templo através dos anéis cósmicos, realizar o ritual e encerrar a sessão do modo habitual.

As Energias da Vida

Já que estamos lidando com questões esotéricas, o grosso do seu trabalho consistirá em investigar as energias da vida e descobrir verdades interiores. É preciso que haja um sistema de classificação das energias, a fim de que possam ser identificadas com mais facilidade. O sistema de classificação ideal é a Árvore Cabalística da Vida, do qual falaremos mais a seguir. Enquanto isso, usemos um esquema mais simples, que se baseia nos planetas.

Rituais Planetários

Veja abaixo as instruções gerais para a Magia Planetária.

Cuidando do trabalho exterior

A fim de promover a concentração e criar o clima ou atmosfera certos, é necessário levar para o templo objetos físicos que ajudem a sugerir o planeta com o qual se deseja trabalhar. No caso de Mercúrio, por exemplo, isso poderia ser feito com o uso da cor que lhe corresponde. Um mantel branco com o glifo planetário pintado em laranja seria útil, assim como a própria fruta, incenso mercuriano e talvez o símbolo do Caduceu para pôr no altar. Não há regras rígidas a seguir, pois tudo é questão de opção e envolvimento pessoal com o rito. Não há nada que substitua o planejamento cuidadoso, o esforço e a inventividade individuais. A hesitação e a aceitação cega da palavra escrita trazem resultados que deixam muito a desejar. Portanto, planeje tudo cuidadosamente e envolva-se, mesmo que isso represente uma diminuição temporária do seu entusiasmo. Ritual eficaz é aquele que você mesmo cria. O neófito quer rituais pré-fabricados e está eternamente ansioso em realizá-lo "da maneira certa". Se esse ainda for o seu problema, é sinal de que não vem prestando atenção suficiente.

Cuidando do trabalho interior

Os rituais que não contêm o trabalho interior na imaginação são realmente inúteis. A quantidade de equipamentos utilizados não faz diferença. Tampouco, no caso de roteiros já prontos, a sua entonação ou a sua forma de pronunciar as palavras. Se a imaginação não for usada nem funcionar como previsto, o ritual será todo ele uma perda de tempo e esforço. O procedimento geral deve ser:

1. Abrir o templo usando os anéis cósmicos, estabelecendo assim a Esfera Cósmica.
2. Usar a imaginação para ver o Templo Cúbico Interior e entrar nele.
3. Concentrar a mente no planeta apropriado através das faces do Cubo.
4. Ao concluir o trabalho, encerrar usando a imaginação para deixar o Cubo e fechar a Esfera Cósmica.

Antes de trabalhar mais detalhadamente com os planetas, vale a pena praticar os procedimentos acima para familiarizar-se com o interior da estrutura cúbica. Você pode transformar isso na base de uma meditação em que explora o Cubo concentrando-se em cada uma de suas faces por alguns minutos. À medida que a mente registrar impressões, anote-as. Após estar familiarizado com o Cubo, você poderá passar à parte mais específica do trabalho, relacionada a cada um dos planetas.

Palavras Mágicas e
Palavras de Poder

Antes de passarmos a um ritual planetário completo, devemos analisar a fala e as assim chamadas palavras de poder. Não parta do princípio de que basta pronunciar certos nomes divinos ou palavras antigas para que a energia flua e milagres aconteçam. Independentemente do que possam dizer os livros, isso é ridículo! Nenhuma palavra ou afirmativa em si tem poder algum. O poder está na mente de quem as pronuncia. Assim como os equipamentos, as palavras são ferramentas que são usadas com o único propósito de auxiliar a concentração. Observe o seguinte exemplo:

Diga para si mesmo, não importa se em silêncio ou em voz alta: "Sinto-me bem." Agora repita isso várias vezes com *sentimento*. Ou seja, *sentindo* aquilo que está dizendo.

Sinto-me bem. (Repita várias vezes.)

Percebeu a diferença? Você tem que usar as emoções para dar força a essas palavras. Finalmente, repita as palavras várias vezes e use a imaginação para ver-se pulsando de energia e vitalidade. Faça-o com convicção por um minuto. Há uma grande diferença entre a primeira vez e a última. As palavras são as mesmas, mas o trabalho interior deu-lhes força. Aí está o verdadeiro segredo das palavras de poder. A diferença do ponto de vista da obra mágica é impressionante.

Isso é muito importante nos rituais. Se forem usadas palavras, elas devem ser ditas com sentimento. As palavras de poder funcionam porque as pessoas incutem-lhes sentimento, convicção e imaginação. As palavras que não são mágicas — o vocabulário da raça humana — obstruem a verdadeira comunicação. Elas são usadas para mascarar os fatos, propagar ilusões e substituir a realidade. Ao nascer, o ser humano pensa por imagens e sensações. A partir daí, é condicionado para pensar por palavras. As palavras mágicas emanam do coração. A ilusão e as palavras mortas nascem do intelecto.

Por exemplo, uma coisa é alguém encarar um determinado quadrante e dizer: "Declaro este quadrante aberto", sem pensar nas palavras, e outra, bem diferente, é pronunciá-lo com sentimento e imaginação, vendo a porta correspondente abrir-se e sua respectiva cor inundando o templo.

O Ritual Mestre

A seguir, um ritual que pode ser usado para todo o trabalho planetário. Para que funcione, é necessária uma boa dose de prática. Você não precisa usar todas estas sugestões e nem mesmo as palavras, pois sua opção pessoal é mais importante. Altere tudo que desejar, mas lembre-se que o formato básico deve ser mantido:

1. Abra o templo usando a Esfera Cósmica de três anéis.
2. Entre no Templo Interior (o qual, nos estágios iniciais, consiste no Cubo).
3. Execute o trabalho mágico principal.
4. Feche o templo.

Antes de você começar, a intenção deve estar clara na mente e todo o equipamento, pronto. Relaxe por algum tempo, elimine da mente os pensamentos indesejados e concentre-se gradualmente no trabalho a executar. Para reforçar a concentração, é melhor que o templo ou sala de trabalho esteja às escuras, com apenas uma vela acesa e algum incenso neutro queimando. Isso contribui para criar a atmosfera certa para a obra mágica, além de ser bem melhor que a luz elétrica. Quando estiver pronto, levante-se e diga:

Abençoada seja a luz interior, que medeia tudo aquilo que é e sempre será.

Acenda a vela central.

Com a imaginação, veja uma luz brilhante crescer dentro do seu coração. Observe um raio de luz sair verticalmente do seu coração em direção ao alto e diga:

Abençoada seja a Coroa da criação.

Imagine a Coroa.

Em seguida, veja um raio de luz dirigir-se do seu coração para baixo e diga:

Abençoado seja o trono da Terra.

Imagine o Cubo da Terra na base.

E agora imagine um raio de luz projetar-se do seu coração em direção ao leste mágico. Veja o símbolo da Espada e diga:

Abençoado seja o portal do Ar.

Acenda a vela do leste.

Imagine um raio de luz sair do seu coração em direção ao sul mágico e diga:

Abençoado seja o portal do Fogo.

Acenda a vela do sul.

Imagine um raio de luz sair do seu coração em direção ao oeste mágico e diga:

Abençoado seja o portal da Água.

Acenda a vela do oeste.

Finalmente, veja um raio de luz sair do seu coração em direção ao norte mágico e diga:

Abençoado seja o portal da Terra.

Acenda a vela do norte.
E então diga:

Agora declaro este templo devidamente aberto.

A etapa seguinte consiste em penetrar no Templo Interior. Imagine uma porta diante de si e diga:

Que a porta do Templo Interior se abra.

Veja a porta abrir-se e imagine-se cruzando-a e entrando no Templo Interior. Diga:

À minha frente: Mercúrio. (Veja a parede laranja.)
À minha direita: Marte. (Veja a parede vermelha.)
Atrás de mim: Júpiter. (Veja a parede azul.)
À minha esquerda: Vênus. (Veja a parede verde.)
Acima de mim: Saturno. (Veja o teto negro.)
Abaixo de mim: a Lua. (Veja o chão prateado.)
No centro, o altar do Sol. Ele deve ser imaginado como um cubo de ouro que irradia uma luz dourada.

Acenda o incenso e as velas dos planetas e, em seguida, dedique-se ao grosso do trabalho. Nos estágios iniciais, ele pode ser simplesmente um exercício de exploração desse Templo Interior na imaginação. Posteriormente, você deverá concentrar-se em um planeta. Talvez você ache útil concentrar-se na superfície apropriada (parede, teto ou chão), para procurar símbolos ou simplesmente deixar que as idéias surjam do subconsciente. Aqui não há regras rígidas. Evite ser lógico; basta seguir seus instintos e deixar que a imaginação o oriente.

Ao concluir, apague as velas dos planetas e diga:

Que a paz esteja neste lugar.

– 62 –

Veja a porta, cruze-a mais uma vez e deixe que ela se feche às suas costas. Apague a vela do leste e diga:

Que haja paz no leste.

Observe a Espada desaparecer. Em seguida, apague a vela do sul e diga:

Que haja paz no sul.

Observe a Varinha desaparecer. Apague a vela do oeste e diga:

Que haja paz no oeste.

Observe a Copa desaparecer. Apague a vela do norte e diga:

Que haja paz no norte.

Observe o Escudo desaparecer. Então diga:

Que haja paz acima.

Observe a Coroa desaparecer.

Que haja paz abaixo.

Observe o Cubo desaparecer. Por fim, faça a última declaração:

Agora declaro este templo devidamente fechado.

Apague a vela central e deixe o templo. Reflita sobre as idéias que porventura lhe tenham ocorrido e faça anotações para futura referência.

Correspondências Planetárias

SOL
Glifo: ☉
Cor: Ouro ou amarelo

Metal: Ouro ou metais dourados
Incenso: Olíbano
Símbolo de altar: Hexagrama
Direção mágica no Cubo: Centro
Cartas do tarô: Ar — 6 de Espadas; Fogo — 6 de Paus; Água — 6 de Copas;
Terra — 6 de Ouros

LUA
Glifo: ☾
Cor: Prata
Metal: Prata ou metais prateados
Incenso: Jasmim
Símbolo de altar: Lua Crescente
Direção mágica no Cubo: Abaixo
Cartas do tarô: Ar — 9 de Espadas; Fogo — 9 de Paus; Água — 9 de Copas;
Terra — 9 de Ouros

MERCÚRIO
Glifo: ☿
Cor: Laranja
Metal: Latão
Incenso: Lavanda
Símbolo de altar: Caduceu
Direção mágica no Cubo: Leste
Cartas do tarô: Ar — 8 de Espadas; Fogo — 8 de Paus; Água — 8 de Copas;
Terra — 8 de Ouros

VÊNUS
Glifo: ♀
Cor: Verde
Metal: Cobre
Incenso: Rosa
Símbolo de altar: Rosa ou Pomba
Direção mágica no Cubo: Norte
Cartas do tarô: Ar — 7 de Espadas; Fogo — 7 de Paus; Água — 7 de Copas;
Terra — 7 de Ouros

MARTE

Glifo: ♂
Cor: Vermelho
Metal: Ferro
Incenso: Benjoim
Símbolo de altar: Pentagrama
Direção mágica no Cubo: Sul
Cartas do tarô: Ar — 5 de Espadas; Fogo — 5 de Paus; Água — 5 de Copas; Terra — 5 de Ouros

JÚPITER

Glifo: ♃
Cor: Azul
Metal: Estanho
Incenso: Sândalo
Símbolo de altar: Cruz de braços simétricos ou Quadrado azul
Direção mágica no Cubo: Oeste
Cartas do tarô: Ar — 4 de Espadas; Fogo — 4 de Paus; Água — 4 de Copas; Terra — 4 de Ouros

SATURNO

Glifo: ♄
Cor: Preto
Metal: Chumbo
Incenso: Almíscar
Símbolo de altar: Triângulo preto
Direção mágica no Cubo: Acima
Cartas do tarô: Ar — 3 de Espadas; Fogo — 3 de Paus; Água — 3 de Copas; Terra — 3 de Ouros

NETUNO

Glifo: ♆
Cor: Cinza
Metal: Nenhum; Coral ou qualquer coisa do mar é útil
Incenso: Âmbar-gris
Símbolo de altar: Tridente
Direção mágica no Cubo: Oeste ou é o próprio Cubo
Cartas do tarô: Ar — 2 de Espadas; Fogo — 2 de Paus; Água — 2 de Copas; Terra — 2 de Ouros

URANO

Glifo: ⛢

Cor: Branco ou transparente

Metal: Platina, urânio (alumínio ou zinco podem ser usados)

Incenso: Almíscar

Símbolo de altar: A Suástica ou uma Estrela branca do caos

Direção mágica no Cubo: Leste ou a idéia do Cubo

Cartas do tarô: Ar — Ás de Espadas; Fogo — Ás de Paus; Água — Ás de Copas; Terra — Ás de Ouros

PLUTÃO

Glifo: ♀

Cor: Violeta ou azul vivo

Metal: Tungstênio (ferro pode ser usado)

Incenso: Musgo de turfa

Símbolo de altar: Fênix

Direção mágica no Cubo: Oeste ou o centro

Carta do tarô: Nenhuma

CAPÍTULO 6
A ÁRVORE CABALÍSTICA DA VIDA

Mais cedo ou mais tarde, todo aquele que deseja estudar a magia Esotérica com seriedade deparará com os mistérios da Árvore Cabalística da Vida. Esse sistema é, de longe, a melhor base simbólica atualmente disponível para o crescimento. Os problemas inerentes ao sistema decorrem menos da sua estrutura que das alterações que sofreu para adequar-se a fetiches pessoais. Analisemos então a Árvore da Vida a partir de seus princípios essenciais, a fim de avaliar a realidade do sistema e ver o seu indubitável valor na magia contemporânea.

A Árvore da Vida constitui o plano de um potencial: o seu potencial. Ela não é um símbolo sagrado, destinado a ser preso na parede ou colocado num altar para preces. Tampouco é uma escada simbólica conforme a qual se processe a nossa evolução. Ela é simplesmente o plano de um fluxo de energia, como um diagrama de circuito ou o plano de uma Esfera Cósmica, que nos ajuda a situar a nossa posição num determinado ponto no tempo.

Podemos ver esse símbolo de duas formas. Primeiro ele é o nosso plano para o sucesso (independentemente daquilo que o sucesso signifique para cada um). Segundo, ele é um plano do esquema cósmico como um todo. Há duas maneiras distintas de utilizá-lo: uma maneira prática, destinada à solução dos problemas da vida, e uma maneira esotérica, própria para aqueles que desejam estudar o esquema maior das coisas. A Árvore da Vida é extremamente individual e cada pessoa deve associar o símbolo à sua própria maneira. Naturalmente, há um arcabouço básico, baseado na verdade e na lei cósmica, mas cabe a cada um descobrir o potencial do sistema, utilizando seus próprios atributos, os quais fluem livremente do subconsciente. Vejamos então qual é esse arcabouço básico.

Caso você deseje compreender o funcionamento do cosmos, como deve proceder? A maneira mais simples é dividir o sistema em unidades menores, mais administráveis, que possam ser examinadas em detalhe. Talvez a melhor forma de alcançar isso seja relacionar o esquema cósmico inteiro à pura luz branca. A cor branca é a soma de todas as outras cores. Só quando se usa um prisma é que se podem ver todas essas cores. Exatamente o mesmo se passa com a Árvore da Vida; ela nos ajuda a compreender o todo a partir das partes menores. A força da Árvore é tanta que ela abarca em si tudo aquilo que foi, é ou sempre será.

A Primeira Lição

Observe o diagrama da Árvore da Vida apresentado na Figura 6. A Árvore da Vida consiste em dez esferas mais Daath, 22 caminhos tradicionais e três colunas de pilares. O que mais você consegue ver? Na aprendizagem dos segredos da Árvore, a primeira lição é a da observação.

Quando começou a ler este livro, você deparou-se com um símbolo: a Cruz inscrita em um Círculo. Por ser um diagrama simples, ele poderia ter sido facilmente deixado de lado já na segunda olhada. Só que, como você sabe, ele pode ser ampliado, tornando-se uma Esfera Cósmica e um Templo Interior. Em resumo: com tempo e esforço para ver além do óbvio, muitos mistérios e segredos mágicos são devidamente revelados. Não se deve orar para os símbolos, pendurá-los no pescoço nem colocá-los em altares. Eles são ferramentas. A primeira lição consiste em olhar o símbolo para ver o que vem à mente, e não aceitar a visão muitas vezes defendida de que eles são sagrados e devem ser reverenciados de alguma maneira.

Ao usar um símbolo como meio de descoberta, lembre-se de duas coisas:

1. Todos os símbolos conformam-se a leis universais e, portanto, as demonstram.
2. Para que tenham plena eficácia, todas as idéias preconcebidas devem ser postas de lado, permitindo assim que o símbolo se comunique de uma forma individual.

Observando mais uma vez a Cruz inscrita em um Círculo, você pode ver que ela demonstra claramente certas leis, conforme o exposto no item 1 acima. Obser-

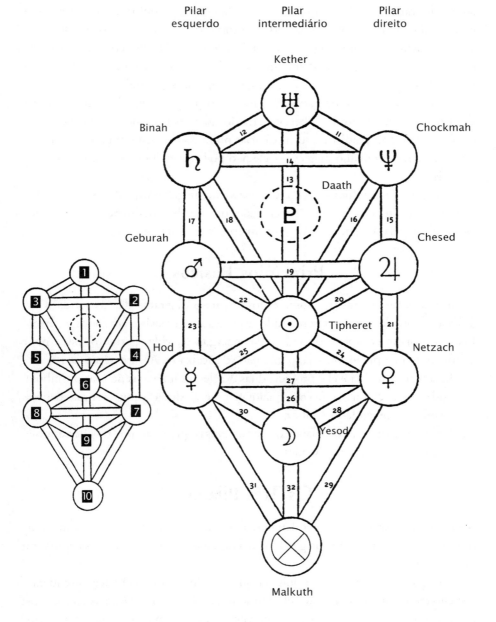

Figura 6. A Árvore da Vida

ve como o círculo abarca tudo; tudo o que existe encontra-se dentro dele. Observe como ele indica o ciclo infinito de atividade cósmica, conforme comprovam as estações do ano e a revolução da Terra em torno do Sol. Dentro do círculo está a cruz dos elementos com seu ponto central de força. Toda a matéria reage às forças elementais e contém a divisão em quatro. Tudo o que existe na criação se conforma ao símbolo da Cruz inscrita em um Círculo, sendo que ele próprio demonstra o modo como a criação opera. Naturalmente, os mágicos que desejam ser verdadeiramente criativos e/ou conhecer a criação usam esse símbolo como ponto de concentração, contemplação ou meditação porque — e isso é uma das bases em que se assenta o trabalho mágico — ele não pode ser melhorado, nada deixando a desejar.

Na aprendizagem dos segredos da verdadeira magia, o item 2 é essencial. Deixando que o símbolo fale, sem superstições nem atribuições irrealistas, a verdade — conforme ela se aplica a você — acaba por manifestar-se.

Princípios Básicos

Com esses fatos em mente, observe novamente o diagrama da Árvore da Vida. Toda a Árvore da Vida representa tudo, isto é, tudo que existe em todos os níveis. Ela é um plano completo da vida e das energias da vida. Portanto, nada pode existir fora desse plano, ou seja, o que não se encaixa na Árvore não existe.

Essa regra é inalterável e propicia duas excelentes maneiras de usar o símbolo:
1. Podemos encaixar na Árvore qualquer objeto, situação ou eventualidade e, assim, compreendê-lo melhor.
2. Podemos usar a Árvore para explicar as causas que estão por trás desses objetos, situações e eventualidades.

Os Três Pilares

Antes de observarmos mais detidamente as esferas e caminhos, é preciso analisarmos todo o esquema de forma geral. As esferas estão arrumadas em três colunas ou pilares (veja a Figura 7).

Por que três? Por que não dois ou quatro? Uma coisa que você aprenderá a respeito da Árvore da Vida é que ela não só responde a perguntas, mas também faz novas perguntas. Pensando e refletindo, você obtém, além de respostas mais significativas, conhecimento de primeira mão a respeito da verdadeira Árvore da Vida.

O que o número três conjura em sua imaginação? Três é o número da estabilidade. A mesa que tem apenas duas pernas acaba caindo. Com três pernas, ela

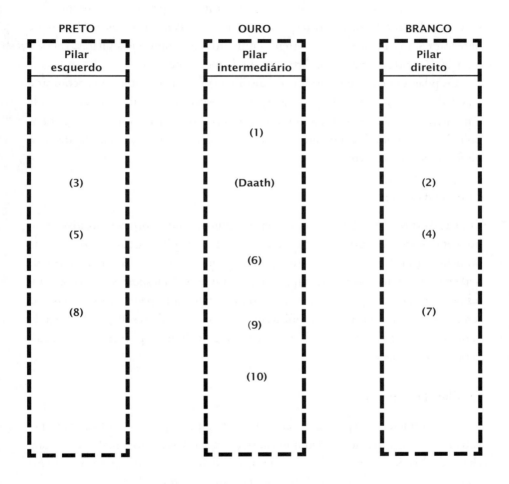

Figura 7. Os Três Pilares

torna-se estável. Depois da terceira, podem-se acrescentar quantas pernas se queira que não haverá muita diferença — três representa estabilidade. Então podemos concluir que toda a Árvore da Vida repousa numa configuração perfeitamente estável de três pilares.

Vivemos num mundo tridimensional de altura, comprimento e largura. Você sabe qual dessas referências corresponde a cada pilar? Pense a respeito. Aliás, tente observar como cada idéia que contém o número três se aplica aos pilares. Esta é a maneira certa de usar a Árvore: com o envolvimento pessoal.

Os pilares constituem três formas distintas que o mágico tem de encontrar a realidade e usar a energia. O pilar da direita é positivo e masculino; o da esquerda é negativo, ou receptivo, e feminino; o intermediário é neutro. Em vez de interpretados demasiado literalmente, eles devem ser vistos como uma espécie de pano de fundo geral da Árvore.

O pilar da direita

O pilar da direita representa a potência masculina, sendo portanto positivo. Embora encimado pelo princípio paterno (esfera 2), esse pilar também é o caminho do órfico (uso das emoções). Esse aparente paradoxo mostra como a Árvore da Vida não só explica a vida, mas também faz perguntas. As respostas a essas perguntas encontram-se na própria Árvore quando se pensa a respeito dessas coisas. Há sempre uma resposta para esses mistérios, e o exercício de resolução de enigmas como esse lhe ensinará mais sobre a Árvore que qualquer explicação complicada. Busque, que você encontrará.

O pilar da esquerda

Nele encontra-se a receptividade feminil e tudo aquilo que se classifica como negativo. A palavra "negativo" não implica traços negativos como o mal nem a assim chamada Magia Negra. Embora existam, tais coisas não têm lugar no esquema maior das coisas. A Árvore da Vida aponta somente para a liberdade e a verdade. Embora seja o pilar feminino, este é também o caminho dos aprendizes do Hermetismo (daqueles que usam a mente). Existe aqui uma aparente contradição, no sentido de que o princípio feminino parece estar relacionado a um modo masculino de ação (o uso da energia do pensamento). Trata-se de mais um enigma a solucionar. Uma pista para a solução está na esfera mais baixa (a esfera 8) e na reflexão sobre a polarização (caminho feminino — modo masculino de expressão). Pense a respeito disso — em outras palavras, torne-se um verdadeiro Cabalista, alguém que procura conhecer a Árvore da Vida descobrindo as respostas para essas importantes questões.

O pilar intermediário

O pilar do centro, pela própria natureza, sugere equilíbrio. Além disso, é neutro. Muitas vezes descrito como o caminho do místico, ele corresponde ao uso da imaginação. O místico vive num mundo de calma e tranqüilidade, usando a imaginação para sondar os segredos da vida, do universo, de tudo. Em Magia, o mesmo princípio se aplica, pois a imaginação é a chave de todo poder. Todas as grandes obras realizam-se através do controle e direcionamento da mente e das emoções, seguidos do uso da imaginação. Esse é o princípio do tridente mágico e o segredo dos pilares.

Considerações Adicionais

1. Os três pilares repousam na décima esfera, Malkuth. Os três caminhos têm origem na esfera 1, Kether, e encontram seu término na esfera 10, Malkuth. A lição óbvia é que existem apenas três formas pelas quais a energia encontra caminho para a existência na Terra (esfera 10, Malkuth). Embora possamos ter predisposição para um caminho, de acordo com as nossas necessidades ou feição psicológica, todos os três são usados. Isso pode ser visto com exatidão no esquema zodiacal das triplicidades: cardinais, fixas e mutáveis. Além disso, pode ser visto na religião cristã (Pai, Filho e Espírito Santo), na feitiçaria (Velha Bruxa, Dama de Prata e Virgem da Lua) e na Magia (Pai Magnânimo, Mãe-Terra e Filho da Luz).

2. Muitas configurações geométricas importantes podem ser encontradas relacionando-se as esferas em padrões diferentes do padrão do esquema principal. Por exemplo: o caminho masculino da energia flui não só ao longo do pilar da direita, mas também ao longo do caminho formado pelas esferas 2, Chockmah; 5, Geburah; e 8, Hod. Da mesma forma, a energia feminina segue o caminho das esferas 3, Binah; 4, Chesed; e 7, Netzach.

3. A Árvore da Vida deve ser sempre flexível. Lembre-se de que o diagrama é uma representação plana de uma realidade tridimensional. Muitas vezes, aprendizes (e mestres) cometem o erro de esquecer isso. Lembre-se da Esfera Cósmica, que consiste em três anéis. Esses anéis correspondem aos três pilares da Árvore da Vida. Você sabe quais? A resposta ao enigma não está no diagrama plano da Árvore, mas sim na realidade tridimensional da Esfera Cósmica.

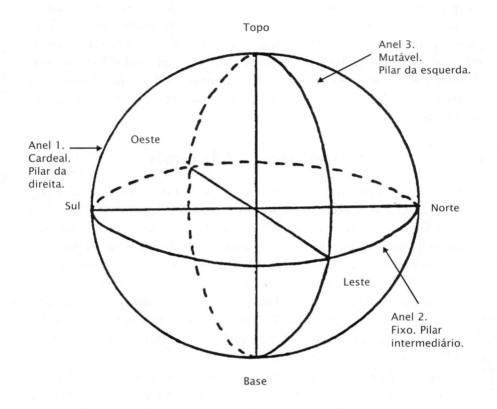

Figura 8. Os Anéis da Esfera Cósmica

A fim de descobrir o segredo, é preciso determo-nos por um instante nos domínios da astrologia. O Zodíaco nos ensina que existem três qualidades: cardeal, fixa e mutável. A qualidade cardeal corresponde ao masculino, pois em sua ação ela se impõe e detém a iniciativa. Os signos fixos são estáveis, imutáveis e, portanto, neutros. Os signos mutáveis, como diz o atributo, mudam, são adaptáveis e, portanto, femininos. Relacionando essas qualidades aos anéis da Esfera Cósmica, podemos descobrir qual a correspondência entre os anéis e os pilares da Árvore da Vida (veja a Figura 8).

Anel 1: Conecta o topo, o sul, a base e o norte. Corresponde aos signos cardeais, pertencendo, portanto, ao pilar da direita.

Anel 2: Conecta o leste, o sul, o oeste e o norte. Corresponde aos signos fixos, pertencendo, portanto, ao pilar intermediário.

Anel 3: Conecta o topo, o leste, a base e o oeste. Corresponde aos signos mutáveis, pertencendo, portanto, ao pilar da esquerda.

A Árvore da Vida Tridimensional

Depois de estabelecer os pilares, associe o restante da Árvore à Esfera Cósmica. Antes disso, porém, é preciso familiarizar-se com as esferas da Árvore da Vida. Na página 76, você encontrará uma tabela dessas esferas. Ela não é, de modo algum, exaustiva, pois existem diversas atribuições e associações possíveis. Contudo, como em todas as questões referentes à Magia, é bem melhor começar com alguns poucos fatos mais simples para, daí, ampliar o esquema básico, à luz do conhecimento e do bom senso. Um pouco de informação bem assimilada é sempre bem melhor que carradas e carradas de informações que não têm serventia imediata. Com isso, economiza-se tempo e evita-se confusão.

Ao lidar com as esferas, é melhor prosseguir com a idéia de valorizar em primeiro lugar a simplicidade, seguida de reflexão cuidadosa e questionamento. As diretrizes básicas são bem fáceis. Cada esfera constitui um tipo de existência específico, regido por um padrão de energia também específico. Talvez valha a pena o exemplo de uma vila com 11 casas. Cada uma abriga uma família e seus pertences e possui seu próprio sistema de regras domésticas. Não há duas casas ou famílias iguais, mas, no entanto, as 11 compõem a vila como um todo. Se você equiparar a vila à Árvore da Vida e cada casa, a uma determinada esfera, logo começará a compreender como a Árvore funciona. Cada esfera possui quatro mundos, ou níveis. São eles:

O nível Divino.

O nível Arcangélico.

O nível Angélico.

O nível Físico.

Esse arranjo não nos diz muito; na verdade, ele nos dá inclusive uma impressão errada, pois pode levar-nos a pensar que é preciso reverenciar algum deus ou evocar um anjo para chegar a algum lugar. Não se trata de deuses nem anjos, mas imagens que podem, quando se é versado nessas técnicas, ser bem úteis.

A melhor maneira de usar cada esfera é, sem dúvida, examinar primeiramente o extremo físico para ver que há mais três estados de existência por trás dele. Os quatro mundos correspondem aos quatro elementos (Ar, Fogo, Água e Terra). Do ponto de vista prático, o Fogo corresponde às idéias e à energia; a Água, ao pensar acerca dessas idéias; o Ar, ao uso dessa energia; a Terra, ao resultado físico final.

Tradicionalmente, 22 caminhos conectam as esferas. Eles não são mera decoração nem respaldo para as esferas. Sua distribuição é especial, pois eles constituem canais de um fluxo de energia extremamente potente. A Árvore não poderia funcionar sem eles, da mesma forma que componentes elétricos não podem funcionar sem fiação ou circuitos que os conectem. Aqueles que estudam a Cabala geralmente cometem um de dois erros clássicos: ou evitam os caminhos (dando preferência a algum mundo de fantasia interior à esfera) ou prendem-se à cruz da decifração de caminhos (o que não passa de uma forma de monotonia autoilusória). Se quiser usar os caminhos de modo correto, você deve conhecê-los da forma que se aplicarem a você. Analise o diagrama da Árvore da Vida, reflita sobre ele e procure conhecê-lo.

As Esferas da Árvore da Vida

Esfera	Nome	Cor	Planeta regente
1.	Kether	Transparente	Urano
2.	Chockmah	Branco	Netuno
3.	Binah	Preto	Saturno
	Daath	Ultravioleta	Plutão
4.	Chesed	Azul	Júpiter
5.	Geburah	Vermelho	Marte
6.	Tipheret	Dourado	Sol

7.	Netzach	Verde	Vênus
8.	Hod	Laranja	Mercúrio
9.	Yesod	Prateado	Lua
10.	Malkuth	As cores dos elementos	Terra

Os Véus Negativos

Podemos ver a Árvore da Vida de duas formas: como um símbolo puramente abstrato ou como uma estrutura viva, prática, que pode enriquecer nossa vida. Este capítulo é dedicado à segunda opção, embora precisemos necessariamente examinar a estrutura a fim de compreendê-la e poder usá-la. Existem tradicionalmente dez esferas, juntamente com a misteriosa não-esfera, Daath. Os Véus Negativos situam-se acima da Árvore e demandam uma explicação antes que passemos à estrutura principal. Já mencionei a abstração e, na verdade, a única forma de ver os Véus Negativos é por meio da utilização de abstrações. O melhor é vê-los como mais uma esfera, a do nada. Nada existe exatamente da mesma forma que alguma outra coisa; sem o nada não podemos ter alguma coisa. Ele é o espaço existente entre as letras de uma palavra ou o silêncio existente entre as notas musicais. Ele é o pano de fundo contra o qual tudo que se manifesta é visto. Na ciência dos números, o zero é tão importante quanto qualquer outro número. Com o acréscimo de um zero, o um torna-se dez. Em nosso ciclo de respiração há um ponto em que ainda não estamos respirando; ele se situa entre a inspiração e a expiração. Nada existe por si só. A meditação sobre o nada revela-se mais compensadora para aqueles que buscam essa linha de iluminação.

É preciso cuidado ao definirmos o nada, evitando confundi-lo com a ausência de alguma coisa. Por exemplo, quando pegamos um prato cheio de comida e a consumimos toda, dizemos que não sobrou nada, mas, a rigor, isso não é verdade. A comida simplesmente mudou de lugar e por fim, pela ação dos fluidos do corpo, mudará de estado. Contudo, ela existia e ainda existe, embora sob uma forma diferente. A matéria não pode ser criada nem destruída. Isso é uma lei física inquestionável. Não se pode reduzir algo que existe a nada, ou a coisa nenhuma. O caráter físico dessa coisa não pode ser abolido; tudo que podemos fazer é alterar seu estado, seu modo de existência. Não se pode criar a matéria; tudo que podemos fazer é alterar sua natureza, seja fisicamente, seja por meio da utilização de princípios mágicos. O nada existe, por si mesmo, e é inalterável. No entanto, tudo que existe surge em primeiro lugar do nada.

O modo de entender a esfera zero é imaginá-la como a esfera do potencial puro — inexplorado, imperturbável e irreconhecido. Ele existe, mas ainda não foi percebido. Contudo, sua aplicação prática é enorme. Quanto mais nos aproximamos do zero, da imobilidade, mais nos aproximamos desse potencial. Compare essa abordagem com a busca mais popular das revoluções num círculo plástico. Todo ritual deve ter início com a utilização da energia da imobilidade. Daí é que vem a idéia que lhe dei, de relaxar antes dos rituais, e o conceito difundido de paz e força. No ponto alto de um ritual, quando damos instruções diretas ao subconsciente, é importante pôr de lado todos os sentimentos e distrações, pois eles atrapalham a imobilidade. Quanto mais relaxamos, mais nos aproximamos da imobilidade e melhor o resultado. O mesmo pode ser dito da meditação e da contemplação. A imobilidade, ou seja, a capacidade de alcançar o nada, é o caminho para o verdadeiro poder. Portanto, é adequado que a esfera zero seja a esfera que está antes na Árvore da Vida.

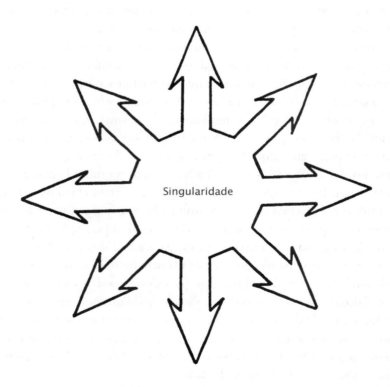

Figura 9. A Estrela do Caos. Uma singularidade com oito setas que simbolizam linhas e formas geométricas derivadas da fonte única.

Kether-Urano

A primeira esfera da Árvore da Vida é Kether, a esfera das origens e começos. Como é que as coisas começam? Dito de forma simples, começam na mente, como pensamentos, e com "pensamento" quero dizer o pensamento original, o tipo de pensamento que é só seu e de mais ninguém. Há uma grande diferença entre os pensamentos conscientes, ou seja, o pensar *sobre* alguma coisa e o puro pensamento *original*. Esse é um tipo de pensamento de difícil descrição. Ele precisa ser observado e compreendido, caso se deseje ganhar todo o valor de Kether. Cada nova invenção, peça musical e verso de poesia é o resultado direto do pensamento original. Todos têm essa capacidade, embora poucos dela façam uso, perdendo assim a oportunidade de serem quem realmente são. Kether é a esfera do ser.

Para ser você mesmo e realizar todo o seu potencial, você deve lutar para ser original. Percebe agora por que a busca do verdadeiro eu é tão importante? Na melhor das hipóteses, a maioria das pessoas é um pálido reflexo das idéias de outrem. Cegas e confusas, elas tentam desesperadamente tornar essa imagem real. As conseqüências são previsíveis. Todos os fracassos e carências que vemos na vida são devidos em grande parte a esse fato. Trata-se de algo inescapável.

Não aceite nada sem antes pensar a respeito. Foi olhando para o alto, para a Via Láctea, nossa própria galáxia, que a humanidade realmente começou a pensar sobre seu lugar no universo e sua relação com as estrelas. Até então, não havia nenhuma ordem ou padrão discernível, mas sim o começo de muitas idéias e postulações. O pensamento original estava sendo aplicado — algo havia causado o surgimento dessas estrelas e a esse algo considerou-se Deus. Depois disso, a humanidade descobriria que Deus jaz também dentro de si mesma.

De um ponto de vista puramente prático, a esfera de Kether deve ser usada em todas as operações em que se busca o próprio eu. Você verá que ela é de suma utilidade na descoberta de quem você é e daquilo do que é capaz. Além de usar a imagem visual de galáxias de estrelas, você pode usar outras atribuições, como o ponto. Todas as linhas e formas geométricas derivam dele. A Estrela do Caos é um bom exemplo disso (veja a Figura 9).

Assim como a esfera de Kether indica começos, a Estrela do Caos simboliza o começo da manifestação e da criação. Ela representa a singularidade do *big-bang*, que se manifestou de uma fonte que era um ponto. Isso também pode ser visto, de um ponto de vista mais místico-religioso-metafísico, na Bíblia: "Então Deus disse: 'Haja luz'. E houve luz." (Gênese, 1:3). A luz é a vasta explosão do *big-bang*, quando tudo explodiu de uma só vez em todas as direções. A Estrela do Caos simboliza esse ponto do início, e suas oito setas representam o ato da criação irradiando em todas as direções.

– 79 –

Kether pertence a Urano. O planeta Urano simboliza os poderes da intuição e do pensamento original. Em uma carta astrológica natal, Urano indica também de que forma a pessoa se desviará da norma, pois seus aspectos podem dizer se ela será construtiva e inventiva ou excêntrica e problemática. Seja como for, ele mostra como essa pessoa exercerá sua capacidade de ser diferente. Uma outra atribuição de Urano é a coroa, a qual é colocada na cabeça de todo verdadeiro rei. Um rei assim reinará sobre suas terras com poder advindo da capacidade de ser original e de se automotivar no sentido mais verdadeiro da palavra. Um homem que faz jus ao destacar-se do resto do rebanho.

Chockmah-Netuno

A esfera 2, Chockmah, está no alto do pilar da direita, o pilar da ação positiva e da idéia do pai universal. O potencial aí já se polarizou em masculino e feminino e, em Chockmah, estamos lidando com o primeiro. Nunca é demais lembrarmos que a humanidade é uma mescla de masculino e feminino. Não existe nada totalmente masculino ou feminino no planeta Terra. Kether representa a força, o movimento e a atividade. Chockmah representa a força dirigida ao longo de um curso específico. O ponto tornou-se uma linha reta ou um círculo. Os padrões aleatórios das galáxias aí já se organizaram na estrutura do Zodíaco.

O planeta Netuno é consagrado a Chockmah. Netuno rege nossa capacidade de deixar-nos inspirar, e a inspiração traz consigo uma certa emoção que eleva a alma. A humanidade deixou-se inspirar pela ordem contida nas estrelas para realizar grandes obras e ir em frente, usando uma força sem restrições. Quantas vezes você já ouviu falar de um ato ou um trabalho inspirado? Isso é a capacidade de Netuno agindo em nós. Netuno tanto pode nos levar às alturas dos atos e pensamentos inspirados quanto nos confundir no labirinto das irrealidades e impossibilidades excessivamente idealistas. Sempre há uma opção, e a opção certa se baseia na *sabedoria* da força corretamente aplicada. A idéia original agora se torna uma força dinâmica que flui através dos canais certos. Entretanto, já que, sem um alvo e sem forma, a força não tem nenhum valor real, é preciso que vejamos a esfera seguinte, no pilar oposto, a fim de continuarmos nessa jornada rumo ao físico.

Binah-Saturno

A esfera 3 chama-se Binah e é o domicílio natural da Grande Mãe. A Grande Mãe dá à luz e implica limitação. É por essa razão que Saturno é atribuído a essa esfera. Netuno é fluidez, ao passo que Saturno é solidez. A palavra-chave de Binah é compreensão, e é lamentável que Saturno seja tão pouco entendido quando é classificado como o grande maléfico. Sem limitação, não se teria forma, haveria situações impossíveis e não teríamos nem corpo nem nada em que pisar. A lição de Binah é: "Tudo é como deveria ser." Em outras palavras, quando se dá origem a idéias discordantes e destrutivas em Kether, elas encontram força e, possivelmente, uma exacerbação da confusão em Chockmah até que, por fim, encontram forma como restrição em Binah. Como ser humano, você é responsável por quem é e por tudo, sem exceção, que se manifesta à sua volta. A verdade da matéria é que é você mesmo quem cria seus próprios problemas e vivencia os efeitos negativos de Saturno. Ninguém mais é responsável. O oposto também é verdadeiro: crie com sabedoria, a partir de uma autêntica busca do eu, e obterá resultados perfeitos. A lei de causa e efeito deixa de ser uma maldição e as cargas tornam-se realizações graças à compreensão. Aprofundando o ponto de contato e contemplação, a linha reta ou círculo torna-se um triângulo eqüilátero. Os mais astutos já terão percebido que um número mínimo de três suportes é necessário à produção de uma estrutura estável, pois a mesa que só tem dois pés acaba caindo.

Chesed-Júpiter

A esfera 4 chama-se Chesed e é a esfera da abundância. Ela é também a casa de Júpiter, o planeta da alegria, da riqueza e da oportunidade de expansão. A posição desse planeta numa carta astrológica natal indica como a pessoa provavelmente receberá ou não esses benefícios, mas, como sempre, *opção* é a palavra-chave. Todos têm esse ponto de contato com a abundância, embora, por uma questão de opção errada, poucos realizem seu potencial. Caso você não esteja usufruindo da abundância de uma forma perene, não culpe o destino nem se julgue azarado, pois isso não é verdade. A abundância existe para todos nós; basta que encontremos a chave para abrir-lhe a porta.

Chesed é expansão em todos os sentidos da palavra, e a expansão implica um fluxo livre e irrestrito. Quando estamos verdadeiramente em sintonia com Chesed, não temos nada a desejar. Estamos seguros porque a abundância da oferta sempre superará a falta aparente. Da mesma forma, a inveja e a ganância apontam para uma completa falta de compreensão da realidade. Desejar ter aquilo que outra pessoa tem é errado, pois submete o pensamento à distração. Caso deseje ficar rico, não inveje o rico pelo dinheiro que tem. Em vez disso, deixe-se inspirar por ele para tornar-se rico você também — não exatamente da mesma forma, mas a seu próprio modo. Pense rico, pense em riqueza, pense em abundância.

Lembre-se: peça e receberá. Nada lhe será negado se você pedir e acreditar nas leis da abundância. Paute-se conforme essas leis e confie em seus poderes interiores da abundância. Depois, é só deixar que essas energias fluam. Lembre-se de que está lidando com o princípio da generosidade e que ele funciona em ambos os sentidos. O sábio pode ser verdadeiramente generoso, pois jamais teme a carência — ela não existe.

Geburah-Marte

Geburah é a esfera da energia e da ação. A energia desperdiçada ou fora de controle em geral deve-se à falta de compreensão. Ela provoca a raiva, o uso indesejado da força, o antagonismo e até mesmo a guerra. De acordo com as leis da física, a cada ação corresponde uma ação igual e oposta, e isso é verdadeiro em todos os níveis. As energias da vida devem produzir ação ao longo dos canais certos, contanto que primeiro se pense para depois agir.

Marte é o planeta de Geburah. A energia de Marte necessita e implica controle, pois toda ação causa um resultado. É melhor haver planejamento e organização, em vez de impulsividade, já que sempre somos responsáveis por nossos atos, sejam eles em pensamento ou em termos concretos. Como causa e efeito são pouco compreendidos, damos desculpas inúteis para encobrir nossa falta de controle ou, algo mais conveniente ainda, encontramos uma saída culpando alguma coisa ou alguém, geralmente os deuses, o destino ou, no caso de quem realmente gosta de passar a bola adiante, o karma. Essa última desculpa é hoje um padrão de crença aceito por milhões de pessoas que nem sequer pensaram a respeito do conceito, que não sabem apreciar a verdadeira implicação daquilo em que dizem crer. Todos os problemas são seus; você os provoca da mesma forma que agora está aprendendo a provocar a ocorrência de coisas bem melhores. O pensamento é a causa. Pensar errado causa efeitos indesejáveis. Mude seu modo de pensar e certamente vai mudar sua vida para melhor. A chave para as energias de Geburah é parar, pensar e depois agir de forma responsável.

Tipheret-Sol

De Geburah retornamos ao pilar intermediário, à esfera de Tipheret e à força do Sol. Seu símbolo é a estrela de seis pontas, que consiste em dois triângulos perfeitamente entrelaçados. A figura sugere *equilíbrio* e *harmonia* de opostos, as palavras-chave desta esfera. Tipheret está bem no coração da Árvore e, à exceção de Malkuth, liga-se a todas as demais esferas. Assim como o Sol é o centro do sistema solar, Tipheret é o centro ou sistema nervoso da Árvore. É nesta esfera que devemos buscar ser aquilo que desejamos — ou, em outras palavras, ser nós mesmos, ao mesmo tempo que captamos as energias de todas as outras esferas. Aqueles que buscam o conhecimento do eu e do ego central devem sempre apelar para Tipheret.

O equilíbrio e a harmonia são expressões corretas da vida. A maioria dos conflitos íntimos e das tragédias da vida — que são algo bem diferente da realidade — devem-se a nossa tentativa de sermos algo que não somos. Seja você mesmo e tudo mais entrará nos eixos em perfeita harmonia. Mais uma vez, o conceito do pensar certo deve ser aplicado, pois permitir-se pensar negativa e desequilibradamente é ir de encontro ao que você realmente é. Assim, você não só obtém o resultado desse tipo de pensamento, mas também produz um conflito de interesses, dando ensejo à tensão interior. Buscando dentro de si, usando de modo correto seu poder subconsciente, você restabelece o equilíbrio e se torna você mesmo.

A cura natural de todos os males do desequilíbrio pertence a esta esfera, pois o que são a doença e o desconforto senão uma falta de equilíbrio? As energias solares o restabelecem ajustando os padrões de energia para que voltem a ser como deveriam. Além da cura, tudo que for posto no subconsciente se tornará realidade. Buscando a verdade do que você é e necessita, você terá tudo que é certo e apropriado. Uma idéia falsa muito difundida é ver a si mesmo como um tipo. É dizer, por exemplo, "Sou sagitariano" ou "Sou nervoso". Se você ficar repetindo essas coisas com freqüência, acabará se tornando tudo isso. Felizmente, o direito de escolha pode ser exercido sempre, revertendo o processo. Por isso, Tipheret abarca tudo aquilo que você pode tornar-se e, assim, é um erro reduzir o campo das possibilidades e restringir o eu dessa forma. Use Tipheret como a sua esfera da orientação.

Netzach-Vênus

A esfera 7 chama-se Netzach e contém as energias que são atribuídas a Vênus. De acordo com as tradições cabalísticas, ela se chama "Vitória", um nome estranho para associar ao planeta da paz e do amor. À primeira vista, é de pensar que esse seria um atributo de Marte. Então, devemos analisar as coisas um pouco mais. Netzach é a esfera da força do desejo e da atração. Segundo a errônea concepção popular, pode-se pensar que devemos ser vitoriosos sobre nossos desejos. Isso simplesmente está errado. Por um lado, tal vitória seria opressiva, algo que dificilmente tem a ver com Vênus, e, por outro, assim como não podemos parar de respirar, não podemos fazer cessar a força do desejo. O que é importante é a vitória sobre os desejos mal direcionados. Desejar não é errado; o que importa é o que desejamos. Vitória é trazer para sua vida tudo de belo que você deseja ter. Vitória é substituir a luxúria pelo amor e atingir ou ter aquilo que é inatingível. Alimentar o fogo da força do desejo é querer de todo coração. A verdadeira vitória é desejar todas as coisas que se quer purgadas de todas as idéias nocivas. Você pode ter o que quer que deseje, mas cuidado para não o fazer dentro de um estado mental ou emocional errado.

Desejar dinheiro não é errado, mas ser ganancioso ou desejar o dinheiro de outrem, sim. A energia estaria sendo mal direcionada e as leis da abundância não se concretizariam. Da mesma forma, é errado desejar outra pessoa sem levar em consideração seus sentimentos e necessidades. A vida caracteriza-se pelo dar, tomar e compartilhar. Não podemos obrigar ninguém a nos amar nem a concordar com as nossas idéias. O verdadeiro amor cria um vínculo porque as leis da atração complementam-se umas às outras. Qualquer outra coisa não passa de concessão. Por isso, os rituais dedicados ao amor costumam fracassar: o que está sendo buscado não é amor, mas sim, invariavelmente, controle sobre outra pessoa. É bem melhor então procurar o amor duradouro em novas plagas que tentar forçar alguém a adaptar-se a um ideal inatingível. As leis de Netzach pregam o dar e o receber, como uma flor. A flor precisa que suas sementes sejam fertilizadas, portanto atrai insetos dando cores, perfumes e mel. O mesmo ocorre com os seres humanos: nós atraímos proporcionalmente àquilo que damos. Se você expressa desarmonia e ganância, acaba atraindo essas coisas para sua vida. Purifique suas emoções e sentimentos e use a força do desejo para pôr em sua vida tudo aquilo de que você precisa: essa é a lição de Netzach.

Hod-Mercúrio

A esfera 8 chama-se Hod e seu planeta é Mercúrio, o "mensageiro dos deuses". Mercúrio rege a comunicação, a forma como falamos e pensamos, e é o planeta do consciente. Para que a força do desejo exerça sua ação, é essencial que as emoções sejam corretamente controladas. É nesta esfera que precisamos aprender a usar a mente como ferramenta da realização.

O consciente é uma ferramenta. Nas mãos certas, ele é uma ferramenta para aprender e aplicar esse conhecimento ao progresso. Ele pode ser fonte de problemas, queixas e grande confusão se for educado com rigidez conforme um padrão errado ditado pelo eu, pois nesse caso entra em discrepância com este. Quando usado para planejar, comparar, examinar e tomar decisões relativas às necessidades do eu é que funciona corretamente, tornando-se uma ferramenta, e não um estorvo. A capacidade de pensar e dirigir o subconsciente é mágica, mas a necessidade de entregar-se ao estudo pelos livros é em grande parte contraproducente, a menos que não se tenha nenhum outro objetivo na vida.

Não há nada de errado com o conhecimento se ele puder ser aplicado ou satisfizer uma necessidade, mas o que dá resultado é a capacidade de pensar em termos simples, e isso é o que importa. É essencial controlar a mente, por meio da busca da paz, e depois direcioná-la para o canal apropriado. Em outras palavras, se estiver confusa, saltando de um fato para outro, a mente não produz resultados concretos nem influi beneficamente sobre o subconsciente. A mente tranqüila, organizada, concentrada num objetivo, permite-nos planejar a ação e ajuda-nos a separar o joio do trigo em termos mágicos. Você é aquilo que pensa. Pensar com calma e serenidade traz resultados.

Yesod-Lua

Muito já se disse e escreveu sobre a Lua e suas tradições mágicas, provavelmente pelo fato de a Lua reger a nossa imaginação. Em vez de insistir nisso, procurarei concentrar-me nas mais úteis possibilidades mágicas. Há três paradigmas nos quais o subconsciente pode ser influenciado: o pensamento, que é a esfera 8 (Hod-Mercúrio), o desejo afetivo, que é a esfera 7 (Netzach-Vênus), e a força da imaginação, que pertence à esfera 9 (Yesod-Lua). O melhor plano de ação prevê o uso de todos os três, conforme suas necessidades e aptidões. Alguns preferem usar a mente, e são classificados como herméticos ou inibitórios; outros preferem alimentar as emoções, e são classificados como órficos ou excitatórios. Por si sós, nenhum deles traz resultados. Você terá de mesclá-los de alguma forma e usar a imaginação. Terá de ver aquilo que quer com os olhos da imaginação, do contrário nada pode acontecer, já que a linguagem do subconsciente consiste em símbolos e representações gráficas.

Yesod e a Lua regem também nossa reação à vida e nossos hábitos. Portanto, naturalmente decorre que há progresso quando os hábitos nocivos ou improdutivos são descartados. Essa área da vida merece um estudo à parte, pois assim você constataria a importância que têm seus hábitos. Um dos segredos para obter resultados está em saber que quando um novo pensamento se torna um hábito, passa a funcionar automaticamente. A lição é muito clara: mude sua forma de pensar, reforce novos hábitos mais desejáveis e tudo mudará para melhor, assim permanecendo automaticamente.

Malkuth-Terra

Malkuth é não só a esfera em que iniciamos nossa busca ascendente da perfeição, mas também aquela em que vivenciamos a natureza física. Já que todas as esferas anteriores encontram expressão em Malkuth, é de concluir que, se houver desequilíbrio nessas esferas, o resultado automaticamente terá uma manifestação indesejável no plano físico. A humanidade olha instintivamente para o céu em busca de inspiração e resposta para seus problemas. Voltamos o olhar para as estrelas e os deuses quando necessitamos de auxílio. De certa forma, as pessoas estão certas em olhar para cima, pois o problema existe em esferas mais altas, embora não como karma nem raiva de seres extraterrestres ou entidades oriundas de OVNIs. Ele está nos padrões de energia mal direcionada dentro das esferas da Árvore da Vida. Eles não nos são alheios; são parte de nós, já que somos nossa própria Árvore.

Portanto, a lição de Malkuth é bem simples: os males exteriores são o resultado do pensamento interior. Assim, a solução do problema está dentro do próprio problema. Malkuth não apenas equivale ao mundo físico, mas constitui também o estado idealista que visualizamos como o Templo Interior. Seus símbolos são a Cruz inscrita em um Círculo, o cubo duplo e as quatro portas elementais da energia. Por intermédio dessas portas estabelecemos contato com a Árvore da Vida e utilizamos sua energia no sentido de obter resultados físicos. Toda a Árvore da Vida repousa sobre Malkuth, nela encontrando sua realização terrestre. Para usarmos a Magia de forma eficaz, precisamos começar por Malkuth e seu Templo Interior, abrindo as portas dessa vasta reserva de energia que está no restante da Árvore. Se esta esfera não for organizada, compreendida e trabalhada de modo sensato e sensível, na melhor das hipóteses, os resultados físicos serão pouco compensadores. Na pior, serão inalteráveis. Construindo o Templo Interior ao longo de linhas simbólicas corretas, criamos uma base estável para que o restante da Árvore cresça e frutifique.

Daath-Plutão

Há uma barreira entre você e a força de Daath: o medo. Nada impede tanto o crescimento quanto o medo. Lembre-se sempre disto: na verdade, não há nada a temer senão o próprio medo. Quando digo "medo", não me refiro ao medo normal, decorrente do instinto de autoproteção, que sentimos nos momentos de perigo. Refiro-me ao medo infundado, ao medo de Deus, ao medo do desconhecido, ao medo de ir em frente porque pode dar errado e assim por diante. Você tem o poder de fazer qualquer coisa, de ser o que quiser ser, de ter o que desejar — não deixe que ninguém o convença do contrário. Os resultados dependem do pensamento positivo e da convicção diante daquilo que estamos fazendo; o medo destrói a criação antes mesmo que possamos começar. Quando vence o medo, você adquire muito mais que o poder de criar: adquire autodeterminação e total liberdade diante dos demônios imaginários que atormentam a humanidade. Para buscar a energia de Daath e seu planeta, Plutão, é preciso superar esses medos e tabus. O caminho não é fácil, mas você pode ter sucesso se tiver determinação suficiente. A solução para um medo é como a de um problema: está dentro do próprio medo. Uma vez vencido o medo, nada poderá colocar-se em seu caminho — você nada terá a temer.

Daath-Plutão tem em si o poder de transformar sua vida. Vencendo o medo, a superstição e os tabus e levando a luz aos mais sombrios recônditos da sua mente, você viverá essa transformação. Na antigüidade, os iniciados eram submetidos a provas e provações pavorosas, a fim de provar que tinham as qualidades necessárias e esperadas. As iniciações de hoje são apenas um pálido reflexo das daquela época. Enfrentar e vencer o medo é vital para o autodesenvolvimento, embora já não precisemos do covil dos leões nem dos carvões em brasa. Precisamos buscar dentro de nós mesmos a causa do medo e usar a energia de Daath para iluminá-la com a luz forte da verdade cósmica e vê-la como é. A luz sempre ilumina as trevas, e assim é com Daath. Quando algo se revela totalmente à visão, podemos vê-lo e compreendê-lo, identificá-lo e por fim transformá-lo. Viver é ser livre e ser livre é a realidade da vida. A Árvore da Vida é o seu plano de libertação.

Resumo da Árvore da Vida

A seguir, você tem um resumo dos importantes princípios da Árvore da Vida. Ele explica as informações essenciais que você não deve esquecer. Depois de ler cuidadosamente este capítulo, procure relembrar o maior número possível de pontos importantes.

No topo da Árvore, temos a esfera 1, chamada Kether. Ela representa o começo de alguma coisa e, portanto, corresponde à originalidade e à individualidade. Ela é a esfera das novas idéias. Por ser a primeira esfera, dela emanam todas as demais, que nela estão contidas. Kether contém tudo que existe e, como tal, representa o puro potencial. No extremo físico, ela é mais bem representada pelo planeta Urano. Uma fotografia da galáxia pode dar-lhe uma idéia perfeita da totalidade e da força dinâmica que é Kether. Seu símbolo é uma coroa. Quanto à cor, embora o branco seja tradicional, prefiro usar a transparência, como a do vidro incolor, pois, embora Kether contenha todas as cores, elas ainda não estão manifestas.

A esfera 2 chama-se Chockmah e sua palavra-chave é *sabedoria*. Ela representa o princípio do Pai Magnânimo. Do ponto de vista físico, seu planeta é Netuno e sua cor é o branco puro. O Zodíaco também encaixa-se nesta esfera, pois, que é a ciência das estrelas senão pura sabedoria?

Com a esfera 3 passamos ao pilar oposto e à Grande Mãe. Esta esfera é chamada Binah, sua cor é o preto puro e seu planeta regente é Saturno. Pode parecer estranho que Saturno, um planeta aparentemente restritivo, corresponda a uma mãe, mas lembre-se que, em seu aspecto correto, ele é o planeta que dá forma — e nascer é ganhar forma. A palavra-chave desta esfera é *compreensão*.

Voltando ao pilar da direita, encontramos a esfera 4, Chesed, a cor azul e o planeta Júpiter. Aqui estamos lidando com a expansão abundante e ilimitada, uma idéia que se coaduna com a do deus da videira, concessor da fortuna. A palavra-chave é *misericórdia*, mas não a confunda com a versão apresentada pelo cristianismo. Esta esfera representa a misericórdia pura, sem nenhuma conotação religiosa.

Na direção oposta, temos a esfera 5, chamada Geburah. Sua cor é o vermelho e seu planeta é Marte. As palavras-chave são *justiça* e *poderio*. Como Saturno, Marte tem uma reputação muitas vezes má porque rege a agressividade e a guerra (entre outras coisas). Porém lembre-se sempre que, embora na Árvore haja lugar para tudo, é bem melhor excluir os atributos negativos em favor dos positivos. Se você perde a calma, perde sua chance de dominar a energia porque perde o controle e, assim, a dissipa. Esta esfera representa a energia, a empresa e a iniciativa.

No pilar central chegamos à esfera 6, chamada Tipheret. Observe sua posição. Ela ocupa o centro em relação a toda a Árvore. Portanto, como o centro do sistema solar, ela se torna a luz que está dentro do seu eu interior (em termos humanos). As esferas do pilar intermediário são demasiado abstratas para ter uma cor. Contudo, o amarelo ou, de preferência, o dourado podem ser usados. As palavras-chave são *beleza* e *harmonia*.

A esfera seguinte é a número 7. Seu nome é Netzach, seu planeta é Vênus e sua cor é verde-esmeralda. Vênus é o princípio da atração. É o nosso magnetismo pessoal que contribui para que tornemos realidade as melhores coisas da vida. A *vitória*, que é a palavra-chave desta esfera, pode a princípio parecer descabida até percebermos que, controlando as emoções e redirecionando-as como a força do desejo, podemos vencer as circunstâncias.

A esfera 8 chama-se Hod, seu planeta é Mercúrio (o símbolo da mente) e sua cor é laranja. Mercúrio rege a comunicação, o modo como falamos e pensamos. A principal lição que podemos aprender com ele é a de reorganizar o pensamento em padrões simples, realistas, abandonando as formas mais caóticas da norma aceita. O treinamento da mente é parte essencial de toda verdadeira Magia. *Flexibilidade*, *adaptabilidade* e *comunicação* são as palavras-chave desta esfera.

Situada no pilar intermediário, a esfera 9 chama-se Yesod, sua cor é o prateado e seu planeta é a Lua. A Lua é responsável pela imaginação, essa poderosa ferramenta mágica que nos dá acesso ao subconsciente, representado por Tipheret. Usando a imaginação, moldamos tudo aquilo que nos cerca. Não é de surpreender então que a palavra-chave seja *fundamentação*. Temos a capacidade de construir tudo que quisermos da maneira que quisermos em nossa imaginação.

Finalmente, chegamos à esfera 10, Malkuth, que é a esfera da Terra. Produto final de tudo que a antecede, magicamente, ela é a esfera dos quatro elementos. Usando esses elementos, aplicamos força à matéria física e a moldamos de acordo com as nossas necessidades. Malkuth é o nosso mundo ideal, além de ser o Templo Interior, mais um estado de existência idealista no qual realizamos todos os rituais mágicos mais significativos. A diferença entre o mundo ideal de Malkuth e o planeta Terra salta aos olhos de qualquer um. Embora haja uma imensa diferença, o segredo de Malkuth está em transformar o que é ideal em fato físico. Isso é Magia num nível prático, pois Malkuth na verdade é a esfera da praticidade. No que se refere a cores, as desta esfera, naturalmente, são quatro, uma para cada elemento: amarelo (para o Ar e o leste), vermelho (para o Fogo e o sul), azul (para a Água e o oeste) e verde (para a Terra e o norte).

As Posições das Esferas

Ao refletir sobre as esferas, leve em conta suas posições. Por exemplo, na esfera 4, Chesed, temos a expansão de Júpiter, aliada à nuance subjacente do pilar da direita. Ou seja, um desaguar positivo com emoções boas e generosas. E na esfera 5, Geburah, o uso da energia com base em nossa capacidade de recebê-la usando a energia da mente. Observe o diagrama da Árvore da Vida (Figura 6), leia este capítulo várias vezes e pense sobre as esferas, os números e as idéias apresentadas.

Relacioná-las com a Esfera Cósmica não é difícil. A esfera 1, Kether, pertence ao ponto mais alto, ao passo que a esfera 10, Malkuth, pertence à base. Isso se encaixa perfeitamente à antiqüíssima idéia de que Deus está no alto e o homem, abaixo. Ou, em termos práticos, energia inicial e produto final.

A esfera 2 provavelmente representa algum problema para a maioria dos Cabalistas. Entretanto, ele pode ser solucionado atribuindo-se toda a estrutura externa a esta esfera. A razão é simples se você lembrar que, embora o planeta regente seja Netuno, o outro principal atributo de Chockmah é o Zodíaco, o qual, por sua vez, implica a idéia dos três anéis.

E, assim, excetuando Daath, restam-nos sete esferas. Elas pertencem às faces do Cubo Mágico, usando os planetas regentes. Por exemplo, a esfera 8, Hod, corresponde à face oriental do cubo, ao passo que a esfera 6, Tipheret, pertence naturalmente ao centro. Aqui temos um esquema perfeito. No centro está o Sol, em torno do qual estão dispostos os planetas. O todo deste sistema solar mágico, como seria de esperar, é cercado pelas estrelas, na forma do Zodíaco. Resta apenas situar a enigmática esfera de Daath. A despeito das idéias e tabus encontrados em outras fontes de informação, Daath, juntamente com seu regente, Plutão, corresponde à transformação que conduz ao poder supremo e à total realização. O mito da fênix fornece pistas valiosas quanto à localização correta, já que esse pássaro mitológico é consumido pelo fogo a fim de poder renascer. Juntamente com a vasta energia potencial de Plutão, isso só pode querer dizer que Daath também deve encontrar-se no centro, no interior do Sol.

O Hexagrama

Como você já pôde observar, os diagramas de símbolos são inevitavelmente uma representação plana de uma realidade tridimensional. A simples Cruz inscrita em um Círculo é representativa da Esfera Cósmica e agora a Árvore da Vida pode ser vista como uma extensão desse esquema. Como aprendiz de Magia Esotérica, você deve ver todos os demais símbolos sob essa luz, pois há muito a ganhar e aprender com eles.

O Hexagrama, tão querido da Aurora Dourada, também é o plano de uma configuração tridimensional. Você sabe o que é isso? Analise cuidadosamente a Figura 10.

Observe que ela tem seis pontas. O que isso sugere? A resposta é o Cubo (seis faces). Há outras pistas, algumas das quais se encontram no diagrama da Árvore — isto é, contanto que você lhe permita alguma flexibilidade. Observe o arranjo das esferas (e planetas) em torno do centro da Árvore (Tipheret-Sol).

HOD (Mercúrio)	está diante de	CHESED (Júpiter)
NETZACH (Vênus)	está diante de	GEBURAH (Marte)
BINAH (Saturno)	está diante de	YESOD (Lua)

Evidentemente, ele está de acordo com a nossa concepção do cubo mágico. Se você observar o Hexagrama agora, acrescentando as esferas e planetas apropriados, verá que ele se coaduna não apenas com o plano do cubo, mas também com o da Árvore da Vida. Portanto, o Hexagrama é uma representação plana do Cubo (veja a Figura 11), ou Templo Interior.

Observe também que a Árvore da Vida sugere constantemente a idéia de polarização. Isso pode ser visto não apenas nos pilares, mas também em várias outras áreas. Observe novamente o Cubo e o Hexagrama. Mercúrio-Hod representa o consciente, ao passo que Júpiter-Chesed corresponde à mente mais profunda. Ambos estão ligados à mente, mas de um ponto de vista diferente. Da mesma forma, Vênus-Netzach e suas associações à atração, ao desejo e às qualidades femininas é equilibrado exatamente pela força predominantemente masculina de Marte-Geburah. A parte essencial dessa idéia é de equilíbrio. Isso é claramente indicado pelo pilar intermediário e pela esfera de Tipheret, que ocupa o centro em relação ao plano da Árvore como um todo. Observe ainda que Tipheret (Sol) está situada no ponto central de equilíbrio do Cubo.

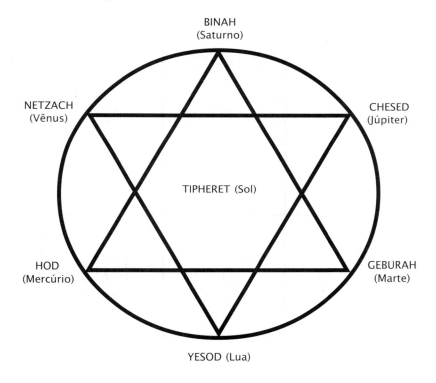

Figura 10. O Hexagrama

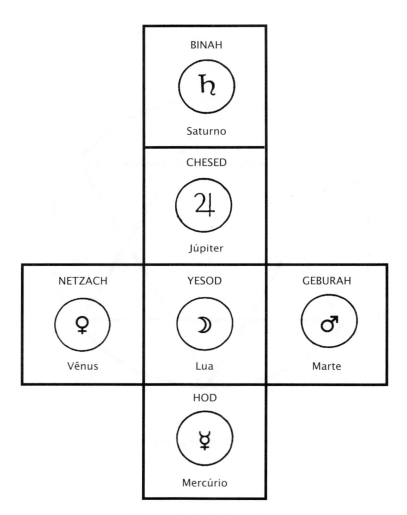

Figura 11. O Cubo Mágico

Familiarizando-se com o
Diagrama da Árvore

Continue seu trabalho com os planetas. As informações obtidas o ajudarão a compreender a Árvore de uma maneira pessoal, pois cada planeta está diretamente relacionado a uma esfera. Familiarize-se com o diagrama da Árvore. Faça esboços ou desenhe a Árvore da Vida em cartolina, com todo cuidado. Seu esquema pode ser usado como ponto de concentração em trabalhos rituais subseqüentes. Pinte as esferas com lápis de cera, tinta ou hidrocor. Obviamente, é impossível usar tinta transparente para Kether ou ultravioleta para Daath. Nesse caso, deixe-as em branco e, por enquanto, apenas pense na verdadeira cor. Procure agir conforme as boas práticas mágicas e deixe-se envolver nessa tarefa simples. Não tenha pressa e use toda a sua habilidade para criar um diagrama *pessoal* da Árvore, um diagrama do qual possa orgulhar-se. Quanto mais você se dedicar, maior será o retorno.

CAPÍTULO 7

Como Criar cada Esfera e a Ela Sintonizar-se

Para utilizar a Árvore da Vida, é fundamental adotar uma abordagem realística, sem excesso de complexidade, atribuições incorretas e outros ideais que nada têm a ver. É essencial também que o paradigma da Árvore seja, em vez de geral, *pessoal*. Apenas com uma abordagem pessoal é que a Árvore poderá de fato revelar seu sentido.

Dentre as várias concepções errôneas que cercam a Árvore da Vida, talvez a maior seja a idéia de que ela é uma espécie de escada que precisa ser galgada para que se possa evoluir. Esse tipo de crença não contribui em nada para a arte e a prática da Magia, sendo, em muitos casos, inteiramente falso. A única verdadeira evolução consiste em livrar-nos dessas idéias auto-restritivas. Esqueça-as e aceite o conceito mais correto de que você é um ser evoluído. Isso é importantíssimo, pois, sem perceber essa verdade, você certamente limitará sua vida e, naturalmente, restringirá as possibilidades que a Árvore lhe oferece. Um exemplo disso está na presunção de que os aprendizes não têm acesso às esferas supernas (l, Kether; 2, Chockmah; e 3, Binah), pois estas estariam além deles. Isso é pura besteira e se baseia no antiquado sistema de graus defendido pela Ordem da Aurora Dourada. De acordo com esse sistema, o aprendiz era iniciado em cada esfera, ascendendo gradualmente na Árvore segundo o que a Ordem decidisse. Quanto mais elevada a esfera, mais difícil a tarefa — ou assim nos queriam fazer crer. Naturalmente, as esferas mais altas ficavam reservadas aos indivíduos de raro talento e capacidade. Melhor esquecermos essa idéia de ascensão por meio de graus e iniciações que não fazem sentido e usarmos a Árvore do modo que ela se destina a ser usada: como um plano em relação ao potencial e um meio de autodescoberta.

A Árvore consiste em dez esferas (onze contando com Daath). Cada uma é diferente, já que é uma categorização específica de energia, e contém suas próprias verdades interiores diretamente relacionadas ao indivíduo. Para ganhar acesso ao saber das esferas e, claro, a sua energia, é preciso aprendermos a criar cada uma e a identificar-nos com elas de uma maneira significativa — algo que não é nada fácil quando acreditamos nas fontes tradicionais. Felizmente, essa tarefa não é tão difícil quanto se possa pensar. Na verdade, ela será bem fácil se seguirmos certas diretrizes.

Cada esfera, pela própria natureza, possui configuração tridimensional, não sendo como figuram no conveniente círculo plano constante no diagrama da Árvore. Devemos trabalhar *dentro*, e não sobre ou fora, dele. Além disso, embora a Árvore da Vida mostre essas esferas como separadas, conectadas por caminhos, isso a rigor não é verdade e pode levar o aprendiz a presumir que as esferas sejam separadas por um espaço. O melhor modo de ver as esferas é ignorar a maneira como elas estão dispostas, pois esse arranjo é apenas uma forma prática de representar uma disposição complexa. Sendo assim, procure adotar a idéia de uma estrutura na qual todas as demais podem ser encontradas, como a de um cômodo com janelas de diferentes cores ou talvez uma casa com diversos cômodos. A estrutura principal você já tem: é a Esfera Cósmica de três anéis. Ela corresponde à esfera inferior da Árvore da Vida, conhecida como Malkuth ou o Reino. Malkuth é a esfera dos quatro elementos e o mundo ideal. Analisemos isso um pouco mais detalhadamente.

A Esfera Cósmica — que doravante chamaremos de Malkuth — contém tudo. Portanto, toda a Árvore da Vida encontra-se em sua estrutura. Isso já foi discutido no capítulo anterior, no qual alocamos as esferas nos pontos nodais e no cubo interior. O símbolo da Árvore da Vida é uma representação plana dessa estrutura tridimensional, que, por sua vez, é a Esfera Cósmica de Malkuth.

Malkuth é a esfera em que toda a Magia Prática se opera. Observe que isso é feito por meio da utilização de diversas palavras, gestos, símbolos e objetos físicos, com o apoio da força da imaginação para maior sintonia com a tarefa e, naturalmente, a energia que está sendo utilizada. Enfatiza-se o contato ou sintonia com um determinado tipo de energia, o qual geralmente é chamado de energia planetária. O que mais estamos fazendo senão trazer essa energia ao consciente? Não precisamos ir a outro planeta nem a uma parte recôndita de nós mesmos para fazê-lo; basta deixar que ela flua, reconhecendo sua existência e, assim, deixar que ela entre em nossa vida. Esse processo pode ser visto facilmente no diagrama plano da Árvore, no qual toda a Árvore da Vida influi, ou se concretiza, na esfera inferior de Malkuth. Esta é a função dessa esfera: agir como ponto de impacto da energia. Para que a energia possa fluir, é preciso primeiro reconhecê-la, usando símbolos ou o que mais for preciso, para depois deixá-la fluir em nossa vida. Em Malkuth isso é feito sintonizando-se essa esfera à energia necessária e então deixando que esta penetre na esfera de Malkuth através das quatro portas elementais.

A esfera de Malkuth pode, assim, sintonizar-se a tudo aquilo que está acima dela — resumindo, a toda a Árvore da Vida. Embora isso não seja difícil, como todo trabalho mágico, exige certa reflexão e prática para ser realmente eficaz. Em breve, discutiremos essa sintonia. Por enquanto, voltemos à própria Malkuth.

Para o trabalho mágico ser eficaz, é essencial que a Esfera Cósmica seja cuidadosamente construída e praticada até tornar-se algo absolutamente natural. Afinal, se a esfera-base for instável, não será de esperar que o resto da Árvore seja firme. As árvores precisam que suas raízes estejam bem fincadas em terra fértil e profunda; do contrário, podem cair ou morrer de desnutrição. Passa-se o mesmo com Malkuth.

Quanto melhor a esfera-base, melhor o esquema da Árvore. Portanto, resista à tentação de precipitar-se, na esperança de achar atalhos para o saber, ou de presumir que, por ser a inferior dentre todas as esferas, Malkuth não merece atenção. Esse seria um engano lamentável, pois Malkuth constitui a chave para toda a Árvore e o único verdadeiro acesso à energia.

Até aqui você veio recebendo várias boas idéias com relação à esfera de Malkuth. Elas devem ser trabalhadas e ampliadas de qualquer forma que lhe pareça certa, pois o envolvimento pessoal é um fator fundamental para o domínio da Magia e da Árvore da Vida. Pode usá-las integral ou parcialmente, mas lembre-se de que sempre serão suas próprias idéias as que se revelarão as melhores. Oriente-se pelo que *sente* e não tenha medo de experimentar. É melhor tentar, mesmo cometendo erros, que não fazer nada. Registre num caderno mágico as idéias e impressões que lhe ocorrerem quando estiver meditando ou em qualquer outra ocasião. Seja prático e metódico: ao final, verá o quanto isso compensa.

Sintonizar a esfera a Malkuth (em vez de levar em consideração toda a esfera) é simples, contanto que certas regras sejam seguidas. Essas regras aplicam-se igualmente a outras esferas. Primeiro, deve haver clareza de intenção. Em outras palavras, saiba que esfera você está trabalhando. Isso pode parecer óbvio, mas muitas vezes, em vez de asserção, o que temos é presunção. A intenção lúcida e refletida é o principal segredo do sucesso na Magia Prática, como também nas questões esotéricas. Havendo clareza na intenção, organize o templo de forma a favorecer esse propósito. Promova as correspondências apropriadas, de modo a ajudar a concentração ao longo do padrão de energia ou caminho escolhido. No caso de Malkuth, isso implica reunir os objetos que servem para lembrar-nos da natureza dessa esfera.

Antes de comprar qualquer coisa que possa atulhar o templo, pare e pense. A *simplicidade* é sempre o melhor meio de obter resultados. Na verdade, é provável que um ou dois objetos bem escolhidos tenham melhor efeito que uma parafernália proveniente de fontes duvidosas. Um bom conselho: nunca leve para o templo nada que não compreender.

Nesta esfera, você estará lidando basicamente com os quatro elementos, os quais podem ser representados pelas quatro armas ou seus equivalentes. Lembre-se de que não é essencial comprar, por exemplo, uma Espada Mágica. Essas coisas custam pequenas fortunas. Você poderia muito bem usar, em vez disso, uma pequena faca ou adaga. Tudo pode ser personalizado conforme as suas necessidades. Além disso, você pode encontrar réplicas baratas de espadas, ou mesmo espadas verdadeiras em lojas de segunda mão, a preços razoáveis. Não é o preço, nem mesmo a forma ou o tamanho, o que importa neste estágio. O que você está buscando, neste caso, é uma representação simbólica do elemento Ar. Pense nisso. Use a imaginação e dê aquele importantíssimo toque pessoal, mesmo que a Espada Mágica ideal não esteja à mão.

O Bastão ou Varinha Mágica deve ser feito. Mais uma vez, use a imaginação para decidir sobre o que gostaria de ver como representação do elemento Fogo. Agindo dessa forma, você certamente encontrará diversos *designs* que lhe ensinarão muito mais do que se simplesmente copiar alguma coisa em um livro. As Copas Mágicas podem ser compradas a bom preço. E tanto faz que sejam de metal ou de vidro. Mais uma vez, é tudo uma questão de opção, com base naquilo que você pensa. Finalmente, o Escudo Mágico deve ser feito por você mesmo, usando metal, madeira ou mesmo papelão. O *design* é muito importante. Esqueça os Pentagramas e outras representações que estão na moda. O que você acha que deveria ser gravado em seu Escudo? Após decidir isso, resolva qual a melhor maneira de fazê-lo: pintando o desenho com hidrocor, colando um pôster, enfim, o que você achar melhor. Lembre-se também que não importa se você é ou não um artista. O que importa é você tentar, a seu modo, reproduzir as idéias que tem na cabeça. Tentar é conseguir, independentemente do que os outros possam pensar. E, de qualquer modo, uma tentativa original e sincera vale mais que mil imitações ou cópias feitas sem nenhuma reflexão.

O Tarô

Talvez a mais útil e versátil de todas as ferramentas mágicas seja o tarô. Embora não esteja entre os objetivos deste livro discutir esse intrincado sistema, exporei agora algumas idéias úteis que você, aprendiz, possa expandir a seu próprio modo. As cartas do tarô enquadram-se no esquema cabalístico com uma precisão que não pode ser simplesmente acidental. Em resumo, as 78 cartas dividem-se em 22 arcanos maiores e 56 menores. As cartas dos arcanos maiores serão discutidas no capítulo seguinte. Por enquanto, nos restringiremos às cartas dos arcanos menores.

Essas cartas dividem-se em quatro naipes de quatorze, cada um. Naturalmente, cada naipe corresponde a um dos quatro elementos. Deixando de lado as cartas da corte (Reis, Rainhas, Cavaleiros e Pajens ou Valetes), restam-nos quarenta cartas, dez para cada naipe ou elemento. Seu número dá-nos a pista para a disposição correta na Árvore da Vida. O naipe indica a direção mágica correta pela arma e pelo elemento. Por exemplo, o 10 de Espadas pertence a Malkuth (esfera 10) e ao leste (Espadas). Da mesma forma, o 8 de Copas pertence a Hod (esfera 8) e ao oeste mágico (Copas).

A disposição total dos arcanos menores pode ser vista na seguinte tabela:

ESFERA	LESTE Espadas	SUL Paus	OESTE Copas	NORTE Ouros
Kether	Ás	Ás	Ás	Ás
Chockmah	2	2	2	2
Binah	3	3	3	3
Chesed	4	4	4	4
Geburah	5	5	5	5
Tipheret	6	6	6	6
Netzach	7	7	7	7
Hod	8	8	8	8
Yesod	9	9	9	9
Malkuth	10	10	10	10

Nenhuma carta do tarô representa Daath.

Usar o tarô no trabalho cabalístico é relativamente fácil, pois ele se presta a isso. No caso de Malkuth, os quatro 10 podem ser colocados no altar, alinhados a suas respectivas direções, ou na parede ou quadrante apropriados do templo. Eles podem ser usados como símbolos para contemplação ou portas astrais que se cruzam na imaginação. A cena representada na carta pode então ser analisada para registro das impressões que lhe vêm à mente. Outra possibilidade é usar as cartas como chaves liga-desliga de cada elemento. Para tanto, é preciso educar o consciente conforme a idéia de que, virada para cima, a carta abre o portão elemental e, para baixo, fecha-o. A inventividade lhe indicará outros possíveis usos.

Para sintonizar a Esfera Cósmica a outra esfera, basta mudar as correspondências físicas e, naturalmente, as associações interiormente feitas na imaginação. As correspondências específicas que cada esfera pode suscitar são objeto de polêmicas e debates acalorados, mas isso não precisa interferir com seu trabalho, pois a maioria dessas atribuições é duvidosa, para dizer o mínimo. Será bem melhor aternos, mais uma vez, à simplicidade e ao bom senso.

A ligação mais óbvia com cada esfera é através de seu planeta regente. Portanto, é para as correspondências dos planetas que você deve voltar-se primeiro, se quiser estabelecer contato com cada esfera. Todavia, o planeta é apenas parte do quadro — um plano, por assim dizer. Há mais três.

Cada esfera consiste em quatro mundos. Conforme a tradição, são eles:

Atziluth	O mundo das origens ou plano divino	(Ar–Pensamento)
Briah	O mundo da criação ou plano arcangélico	(Fogo–Desejo)
Yetzirah	O mundo da formação ou plano angélico	(Água–Emoção)
Assiah	O mundo da expressão ou plano físico	(Terra–Situação ou objeto físico)

A energia de cada esfera pode, assim, ser explorada se a fizermos percorrer cada um dos mundos até sua culminância em Assiah (o físico). Naturalmente, cada mundo pode ser abordado e explorado diretamente porque, a despeito de opiniões em contrário, não há barreiras entre você e um determinado plano — todos estão ao seu alcance, abertos para você. Mas como abordar, compreender e, finalmente, usar cada plano é, de fato, um problema complexo — ou assim parece. Deixando de lado as atitudes pseudo-religiosas e os dogmas a elas ligados, a resposta, como sempre, está na Árvore da Vida.

Existem quatro mundos. Eles correspondem aos quatro elementos, da seguinte forma: o plano Divino ou de Deus pertence, em última análise, ao elemento Ar, em virtude do fato de que o círculo cósmico origina-se no leste (e *origem* é a palavra-chave aqui). Para o sul e o elemento Fogo deve ir o mundo criador de Briah. O mundo formador de Yetzirah pertence ao leste e ao elemento Água e,

– 100 –

finalmente, o norte e o elemento Terra pertencem a Assiah. Embora haja outras disposições supostamente tradicionais, cada uma com seus próprios méritos e dogmas, essas associações estão corretas. Naturalmente, cada aprendiz deve aceitar ou recusar o convite a experimentar esse sistema cuidadosamente concebido.

A criação ou sintonização de cada esfera faz-se a partir da extremidade física primeiro, com correspondências adequadas, e, em seguida, prosseguindo através de cada um dos planos, seja de cima para baixo ou ao contrário, a depender do tipo do trabalho em questão. Talvez a forma mais fácil de descrever isso seja através de um exemplo. Consideremos, então, uma meditação acerca da esfera de Yesod.

Meditação sobre Yesod-Lua

Reúna as correspondências apropriadas — neste caso, as que dizem respeito à Lua. Para isso, use velas e mantel prateados, um espelho (indicativo da reflexiva Lua), um bom incenso lunar e os quatro 9 do tarô. Havendo cuidado disso, resta apenas abrir o templo conforme descrito no Ritual Mestre. O ponto alto do ritual será a sintonização a Yesod, seguida de uma meditação. Isso é feito na imaginação da seguinte maneira:

Primeiro, concentre-se na Coroa. Esse é o ponto simbólico de onde flui toda a energia, que corresponde também ao Pai Magnânimo. Imagine que a Coroa possui dez gemas engastadas, uma para cada planeta (ou esfera), nas cores apropriadas. No caso de Yesod, essa gema seria prateada ou talvez uma pérola. Observe-a brilhar, observe sua luz prateada, e imagine essa luz descendo para iluminar o templo. A energia deve então penetrar no templo através das quatro portas elementais, começando pelo leste mágico, o plano Divino de Atziluth, e prosseguindo em torno do círculo, através de cada plano (ou mundo) até acabar no norte mágico (Assiah). Sem dúvida, a melhor forma de fazer isso é imaginar que há uma porta em cada parede do templo cúbico interior e que, quando você determinar, cada uma delas se abrirá para que a luz prateada entre. A forma exata de fazê-lo é uma questão de opção, mas sempre é uma boa idéia inserir o símbolo de controle das armas mágicas. Por exemplo, no leste mágico, imagine que está segurando a Espada (se tiver uma Espada de verdade, empunhe-a de fato) e que, ao usá-la para apontar para a porta, esta se abre.

Palavras adequadas podem ser pronunciadas, contanto que sejam suas e não contenham elementos indesejáveis, como subserviência aos deuses e coisas do gênero. As declarações simples e fatuais costumam ser as melhores — por exemplo, "Através deste portal, sob o controle desta Espada, entro em contato com o plano (especifique qual) da esfera de Yesod, a fim de tornar manifesta sua presença neste

– 101 –

templo. Que assim seja". Prefira sempre esse tipo de declaração a invocações complicadas e ininteligíveis dirigidas a divindades ou entidades distantes. Lide com a energia de forma direta até compreender plenamente a arte de criar e usar imagens telesmáticas. Seja como for, evite os nomes e imagens tradicionais, pois eles quase sempre estão corrompidos, sendo difíceis de utilizar sem grandes modificações.

Observe o que foi feito até agora. Você entrou em contato com o aspecto positivo (Deus ou Pai Magnânimo) e, invocando-o, promoveu a descida da energia em sentido horário. Para equilibrar isso, invoque o feminino, negativo ou receptivo (Mãe-Terra). Concentre-se no ponto inferior, simbolizado pelo Cubo Mágico, e observe-o reluzir em luz prateada. Observe essa luz dirigir-se ao alto. Novamente, ela poderá ser vista entrando no templo através das quatro portas, sendo que desta vez em sentido anti-horário, a começar pelo leste.

Esqueça todas as tolices correntes a respeito dos malefícios da rotação em sentido anti-horário no círculo. Ela não tem nada a ver com Feitiçaria nem com Magia Negra; isso é pura bobagem. A rotação em sentido horário representa o masculino e, em sentido oposto, o feminino. Os pobres desinformados que pulam em torno de seus círculos em sentido anti-horário na esperança de estabelecer contato com o Demônio não fazem sequer idéia dos princípios mais rudimentares do trabalho mágico!

Resta apenas concentrar-se no centro. Há muitas formas de fazê-lo. Inventividade, envolvimento pessoal e prática são uma ótima receita para que surjam boas idéias. A seguir, sugiro algumas que talvez lhe interessem também.

A finalidade básica de uma meditação mágica é obter informações úteis, que tenham validade não apenas no trabalho mágico, mas também na vida. Pouco adianta meditar porque se acha que é um dever ou a prática usual. Medite com um objetivo. Seja pragmático. Para eliminar a confusão e, ao mesmo tempo, obter o máximo de informações utilizáveis, é preciso canalizar a percepção dentro de limites definíveis. Faça-o continuando a usar as atribuições corretas na imaginação e restringindo a meditação às áreas que forem provavelmente as mais produtivas. De modo geral, o centro e as quatro portas constituem o melhor meio de contato com a realidade de uma esfera e, por isso, devem ser usados até que surjam outras idéias.

O centro pode ser representado por um cubo dourado, em geral na forma de um altar finamente entalhado, embora haja outras variações. Dando a esse altar a cor principal da esfera, você terá um símbolo muito forte. Retenha-o na mente e aguarde até que surjam idéias em torno dele. É possível ir além nesse exercício acrescentando outros símbolos que se coadunem com a natureza da esfera em questão. No caso de Yesod, um dos mais fáceis é o da Lua Crescente pairando sobre o altar. Mas podem ser usados outros símbolos; tudo, mais uma vez, é questão de opção pessoal.

Entretanto, escolha com cuidado. Particularmente, evite usar as atribuições constantes em livros, a menos que tenha plena certeza de que elas são certas para você. É melhor manter a simplicidade que atulhar a mente com símbolos duvidosos e pouco relacionados sem antes pensar muito a respeito.

A outra área principal de concentração é a das quatro portas. Elas podem ser vistas como portas do mesmo templo cúbico interior ou como templos à parte, contendo cada um uma das quatro armas. Cada templo pode ser explorado separadamente, revelando muitas coisas em termos de saber esotérico. Além disso, use os símbolos do tarô. Cada carta, se usada com uma esfera corretamente sintonizada, é capaz de revelar muito mais que qualquer outro método. Para resumir, você verá mais porque sua mente já estará concentrada ao longo da linha de percepção certa. Usadas em conjunto com as portas, elas constituem uma base admirável para explorar o fascinante reino da imaginação. Elas podem ser vistas como estando nas próprias portas ou usadas como um cenário no qual você pode entrar para explorar. A escolha é sua.

Contudo, tenha em mente sua posição na Esfera Cósmica, pois é fácil perder-se em idéias e associações paralelas. Talvez esse seja o maior segredo do sucesso na meditação, pois é comum os aprendizes deixarem a mente vaguear à toa, em vez de mantê-la nos limites necessários aos bons resultados. Mas não precisa se preocupar muito com isso: basta usar os símbolos como controles. Por exemplo, se, durante uma meditação sobre Yesod, você explorar as portas, não se esqueça de onde está. Isso será bastante fácil se você usar o símbolo apropriado. No caso da porta do leste, você naturalmente restringiria a atenção à porta amarela do Ar, utilizando o símbolo da Espada. A percepção pode ser ainda mais canalizada com a utilização dos atributos da esfera. Por exemplo, se a esfera trabalhada fosse Malkuth, acrescentando mais simbolismo adequado, você poderia obter esse efeito. Uma boa idéia seria visualizar o número dez nessa porta ou talvez o 10 de Espadas. Se a esfera fosse Yesod, você usaria o número nove e o 9 de Espadas, e assim por diante.

Utilizando essas idéias e modificando-as conforme seus interesses e necessidades, você terá um sistema de autodescoberta perfeito. Agora analisaremos uma dimensão extra que, sem dúvida, personalizará seu trabalho e, assim, revelará muito mais do que antes seria possível.

Descobrindo suas Direções Mágicas Pessoais

Aqui você terá algumas atribuições úteis referentes aos quatro elementos. Além disso, verá a lista dos dez planetas sob cada elemento. Esta é a sua chance de interatividade: descubra seus planetas pessoais e suas direções. Para determinar suas direções mágicas, você precisa de um mapa astral.[1] A melhor forma de obtê-lo é encomendando o cálculo do seu mapa a um serviço de astrologia. Assim, você poderá saber onde os signos do Zodíaco e os planetas estão situados, estudando a tábua de Triplicidades do seu mapa. Ela lhe mostrará quantos de seus planetas são regidos por cada um dos quatro elementos (Ar, Fogo, Água e Terra). E a tabela de aspectos lhe dirá que planetas estão regendo quais signos. Estude todas as casas do seu mapa astral, da primeira (Áries) à última (Peixes), passando por todos os signos: Touro, Gêmeos, Câncer, Leão, Virgem, Libra, Escorpião, Sagitário, Capricórnio e Aquário.

Para começar, localize Áries no seu mapa e veja se há algum planeta nesse signo ou casa. Se houver algum, ele se manifestará através do sul e do elemento Fogo, pois Áries é um signo de Fogo. Isso sempre define em que direção mágica você deve trabalhar. Em seguida, concentre-se na segunda casa, Touro, e verifique se há planetas nesse signo. Depois passe a Câncer, e assim por diante. Se, por exemplo, você encontrar mais de um planeta em uma casa ou signo, todos esses planetas se manifestarão através da direção e do elemento dessa casa. Espero que você consiga perceber o padrão de que falo aqui.[2]

AR

Símbolo:
Direção mágica: Leste
Arma mágica: A Espada
Hora do dia: Alvorecer
Época do ano: Primavera
Signos do Zodíaco: Libra, Aquário, Gêmeos
Palavra-chave: Comunicação
Associação humana: O pensamento e o reino da atividade mental
Carta do tarô: 10 de Espadas

Planetas pessoais regidos pela Espada e pelo elemento Ar (faça um círculo em torno dos planetas apropriados, de acordo com seu mapa astral): Sol, Lua, Mercúrio, Vênus, Marte, Júpiter, Saturno, Urano, Netuno, Plutão

FOGO

Símbolo:
Direção mágica: Sul
Arma mágica: A Varinha, o Bastão ou a Lança
Hora do dia: Meio-dia
Época do ano: Verão
Signos do Zodíaco: Áries, Leão, Sagitário
Palavra-chave: Direção
Associação humana: O desejo e o reino da atividade criadora
Carta do tarô: 10 de Paus

Planetas pessoais regidos pela Varinha e pelo elemento Fogo (faça um círculo em torno dos planetas apropriados, de acordo com seu mapa astral): Sol, Lua, Mercúrio, Vênus, Marte, Júpiter, Saturno, Urano, Netuno, Plutão

ÁGUA

Símbolo:
Direção mágica: Oeste
Arma mágica: A Copa, o Cálice ou a Cornucópia
Hora do dia: Entardecer
Época do ano: Outono
Signos do Zodíaco: Câncer, Escorpião, Peixes
Palavra-chave: Receptividade
Associação humana: O sentimento e o reino das emoções
Carta do tarô: 10 de Copas

Planetas pessoais regidos pela Copa e pelo elemento Água (faça um círculo em torno dos planetas apropriados, de acordo com seu mapa astral): Sol, Lua, Mercúrio, Vênus, Marte, Júpiter, Saturno, Urano, Netuno, Plutão

TERRA

Símbolo:
Direção mágica: Norte
Arma mágica: O Escudo
Hora do dia: Noite
Época do ano: Inverno
Signos do Zodíaco: Capricórnio, Touro, Virgem
Palavra-chave: Posse
Associação humana: A concretização e o reino dos fatos palpáveis
Carta do tarô: 10 de Ouros

Planetas pessoais regidos pelo Escudo e pelo elemento Terra (faça um círculo em torno dos planetas apropriados, de acordo com seu mapa astral): Sol, Lua, Mercúrio, Vênus, Marte, Júpiter, Saturno, Urano, Netuno, Plutão

Na Magia, como na própria vida, estamos lidando constantemente com a polaridade e suas várias ramificações. Contudo, o principal interesse recai em nossa relação com as energias da vida, conforme indicam os planetas e, naturalmente, a esfera regente. Isso lhe permite duas formas de ver as coisas, pois existe *você* e existe a *energia*. Embora distintos, ambos interagem, e por meio dessa interação você cria tudo o que quiser. A natureza e o fluxo de energias indicam-se pelos movimentos dos planetas e suas interações em termos de aspectos e tudo mais. Embora este livro não tenha o objetivo de tratar dessas implicações, elas são parcialmente abordadas no Capítulo 9. Por enquanto, vamos ater-nos a determinados princípios que podem ser usados para enriquecer o trabalho mágico.

Cada planeta tem uma afinidade natural com um determinado elemento e, por isso, possui uma direção mágica natural dentro da Esfera Cósmica:

PLANETA	ELEMENTO	DIREÇÃO MÁGICA
Sol	Fogo	Sul
Lua	Água	Oeste
Mercúrio	Ar	Leste
Vênus	Terra	Norte
Marte	Fogo	Sul
Júpiter	Água	Oeste

Saturno	Terra	Norte
Urano	Ar	Leste
Netuno	Água	Oeste
Plutão	Água	Oeste

Fazendo as correspondências entre os planetas e a esfera, você obtém as direções mágicas primordiais. São elas:

	LESTE	SUL	OESTE	NORTE
Esfera	1, 8	5, 6	2, 4, 9	3, 7
			Daath	

Malkuth não possui uma direção primordial porque contém todas as esferas, sendo delas o receptáculo.

Ao lidar com as energias cósmicas da forma que elas de fato existem, é melhor usar essas direções por uma questão de afinidade natural. Por exemplo, se você quisesse explorar a natureza do Sol, usaria os princípios dados, concentrando-se — e utilizando — a direção mágica primordial sul. Resumindo, isso consistiria em concentrar-se na Coroa e permitir à luz dourada entrar no templo a partir do sul mágico, prosseguindo em sentido horário. A parte feminina (receptiva) da esfera entraria em jogo quando você se concentrasse no Cubo inferior e deixasse que a luz dourada entrasse no templo a partir, mais uma vez, do sul mágico, mas em sentido anti-horário. A esfera estaria assim sintonizada não só com Tipheret como também com o Sol, já que ele existe enquanto fonte de energia fora de você. Usando esse método de sintonização, é possível explorar e compreender os planetas e esferas regentes em termos de potencial.

Considera-se que a força, a energia, o potencial — não importa os nomes que lhes demos — estão, para simplificar, "no ar", exercendo influência sobre os seres humanos e toda a matéria. O outro lado da moeda é o efeito que isso tem sobre cada indivíduo. Todo ser humano tem acesso à energia, mesmo que não tenha consciência disso. Essa descoberta pode ser feita através do mapa astral e, no que diz respeito à Magia Esotérica, resolve-se em afinidades planetárias com as quatro portas ou passagens, mais uma vez. Só que desta, porém, a ênfase e a utilização são diferentes, pois aqui estamos lidando com a forma pela qual a energia é aceita pela pessoa.

Nas páginas 106-107 você encontrou listas que mostram os elementos e as direções que regem cada planeta. Essas informações são importantes porque provêm de seu mapa astral, o qual, por sua vez, não é nada menos que um mapa ou esquema de suas aptidões e seu potencial interior. Essas direções devem ser usadas para sintonização de maneira pessoal à esfera e para meditações e obras mágicas envolvendo você mesmo, em vez da energia pura. Por exemplo, suponha que está explorando a esfera Netzach de um ponto de vista pessoal, talvez para descobrir algo acerca de si mesmo ou do modo como essa esfera afeta a sua vida. O uso da Coroa superior e do Cubo inferior em sentidos horário e anti-horário, mais uma vez, aplicam-se, pois esses são princípios invariáveis. Todavia, a direção mágica primordial se alteraria do natural para o pessoal. Por exemplo, para quem tem Vênus (o planeta regente de Netzach) regido pelo elemento Ar e pela Espada Mágica, a direção mágica natural norte seria substituída por leste.

O uso dos dois esquemas alternativos dá ao aprendiz ainda mais possibilidades, além de usar as correspondências naturais da melhor forma possível. A única coisa que você precisa lembrar antes de começar a fazer uma meditação é que extremidade da polaridade pretende usar ou explorar — você ou a própria esfera. Em outras palavras, você pretende usar a esfera em sentido pessoal ou está interessado na esfera em si? Isso sempre deve ser levado em consideração, pois todo trabalho mágico volta-se ou para o aspecto subjetivo (o eu) ou para o objetivo (ela, a esfera). Como sempre, você precisa saber o que está fazendo antes de fazê-lo.

Naturalmente, sua próxima pergunta deve ser: "Posso juntar as duas abordagens?" Falaremos a respeito disso no Capítulo 8, no qual examinaremos o ponto onde está a verdadeira força da Árvore: os caminhos.

CAPÍTULO 8

Um Guia para Trabalhar os Caminhos com Realismo

Já perdi a conta do número de pessoas com aptidão para a Magia que jamais se interessaram em trabalhar os caminhos, seja por falta de conhecimento ou informação básica ou por haverem sucumbido ao que certamente constitui propaganda feita por lojas ou adeptos de dogmas. Costuma-se dizer que trabalhar os caminhos é absolutamente imprescindível a qualquer praticante de Magia que tenha um pouco de seriedade. No entanto, a forma com que isso é ensinado (e, aqui, uso a palavra "ensinar" em seu sentido mais amplo) em quase nada difere das absurdas práticas dos espiritualistas ou dos exercícios de contorcionismo praticados pelos adeptos das meditações pseudo-orientais. Em vez de usar os caminhos como limites claramente definidos dentro dos quais se podem coletar informações específicas, a ênfase costuma recair mais na filosofia do "vamos ver o que acontece". Os verdadeiros magos não se sujeitam a probabilidades aleatórias desse jeito. Tampouco adotam eles algo que não é senão uma mixórdia de formas simbólicas apresentadas pelos assim chamados *experts*, estejam estes vivos ou mortos. Os verdadeiros magos adotam uma abordagem muito mais sã: usam boas técnicas e imagens realistas, sem nunca abrir mão do bom senso. Vejamos detidamente os caminhos para, em seguida, formular uma técnica realista para sua exploração e utilização.

Para começo de conversa, a Árvore da Vida especifica 22 caminhos, porém existem muitos mais. Dado que tudo o que existe está contido no plano da Árvore, há uma anomalia entre aquilo que de fato está acontecendo na vida e a suposta totalidade da Árvore. É justamente esse fato que demanda uma forma inteiramente nova de pensar os caminhos.

Tomemos um caminho típico: o caminho onze, que está situado entre a esfera l, Kether, e a esfera 2, Chockmah. Ou seja, do ponto de vista planetário, o plano de Assiah, o único verdadeiro caminho a existir de fato em termos físicos, é o que é criado quando os dois planetas formam um *aspecto* no céu. Qualquer astrólogo dirá que quando se forma um aspecto entre dois (ou mais) planetas, cria-se um fluxo de energia. A natureza desse fluxo é semelhante à dos efeitos conjuntos dos planetas que estão formando esse aspecto. Os aspectos são fatos astronômicos e astrológicos — eles acontecem mesmo. Então, quando um planeta — Urano, por exemplo — entra em aspecto com relação à Lua, onde está o caminho equivalente na Árvore da Vida? Ele aparentemente não existe! Porém isso não pode ser assim, já que tudo está contido no plano da Árvore. Para encontrar a resposta, temos que analisar como a estrutura dos caminhos teve origem.

Para resumir, existem 22 caminhos tradicionais pela simples razão de que o hebraico possui apenas 22 letras. E por que o hebraico? Bem, há muito tempo, quando era preciso ocultar as obras mágicas da Igreja possuída pelo demônio, foi necessário encontrar um veículo escrito que se adequasse ao registro do conhecimento. A única língua adequada — que, além de ter um real valor, estava acima de qualquer suspeita — era o hebraico. Nem o grego nem o latim podiam ser usados porque os sacerdotes os liam e entendiam sem dificuldade. Com o hebraico não era assim, mas, pelo fato de ser considerado idioma da Bíblia, era uma língua respeitável e insuspeita, a forma ideal de comunicar idéias sem chamar muita atenção. A tradição do hebraico persiste, embora tenha, em grande medida, perdido sua utilidade. Muita gente ainda dá muita importância ao hebraico e, assim, deixa de ver a realidade da Árvore. Excetuando as razões puramente acadêmicas, não há muito sentido em tentar falar e entender uma língua que não seja a sua língua materna. Além do mais, isso poderia tornar a Árvore inflexível.

Se tomarmos todas as possíveis permutações dos planetas conhecidos, obteremos o número real de caminhos da Árvore da Vida — ou seja, nada menos que 55! Todavia, embora seja bom ter em mente que esses caminhos de fato existem e merecem ser estudados por você no futuro, por razões de ordem prática nos limitaremos a usar o arranjo dos caminhos tradicionalmente aceito. Há dois bons motivos para isso: primeiro, assim podemos manter um número de opções razoavelmente baixo, adequado ao aprendiz nos estágios iniciais do trabalho mágico; segundo, não haveria nenhuma utilidade em colocar todos os caminhos no plano existente da Árvore. Isso acabaria tornando-a praticamente indecifrável. Portanto, neste capítulo vamos nos ater ao arranjo tradicional.

Conforme a definição da realidade exposta pelo movimento dos planetas no céu, o caminho é um elo entre dois planetas, ao longo do qual a energia flui. Essa é a realidade das esferas unidas, conforme expressa essa união. Uma boa comparação estaria no fio que liga dois componentes elétricos — sem ele, a energia não pode fluir e, assim, nenhum dos dois componentes poderia cumprir sua função. As esferas podem existir sem os caminhos, mas, sem a conexão que eles propiciam, elas seriam inoperantes, tal é a sua energia. A lição é simples: se você busca a verdadeira energia e o verdadeiro potencial da Árvore da Vida, procure compreender os caminhos.

Como as esferas, cada caminho tem seus próprios símbolos e correspondências. Apenas um grupo de atribuições tem valor: o certo! Embora eu possa estar insistindo muito nesse ponto, nunca é demais lembrar que a maioria das idéias, atribuições e símbolos comumente associados aos caminhos é absolutamente inútil. Eles provêm basicamente de duas fontes: em primeiro lugar, a Ordem da Aurora Dourada e seus sequazes acreditavam neles e tinham a presunção de estar notificando ao mundo uma grande descoberta. As atribuições da Aurora Dourada aos caminhos são puras bobagens, particularmente as cores e as cartas do tarô. É de conhecimento público que essa Ordem fez de tudo para jamais revelar a verdade dessas questões. Esse foi especialmente o caso nos últimos anos, quando os dogmas e a necessidade de jogar areia nos olhos dos neófitos tornaram-se mais importantes que ajudá-los a encontrar a realidade. Seja como for, boa parte dessas supostas atribuições foi obtida com métodos comparáveis aos usados por um médium em transe. Para dizer o mínimo, elas não são científicas e o melhor é esquecê-las.

A realidade de qualquer caminho está no efeito conjunto de duas esferas posicionadas numa das extremidades. A partir dessa simples verdade, podemos criar um excelente conjunto de atribuições significativas que nos servirá muito bem. Tomemos, por exemplo, o caminho onze, mais uma vez. Ele liga a esfera 1, Kether, à esfera 2, Chockmah. Observando o plano físico, os planetas, podemos deduzir muita coisa. Primeiro, a cor do caminho será a combinação entre as cores dos dois planetas. Resumindo, será a mistura do transparente com o branco puro. A melhor forma de descrever essa cor é dizer branco translúcido, e seu equivalente mais próximo seria algo semelhante ao efeito obtido quando se dilui leite em água. Outra forma de fazer isso é imaginar que as cores não se misturam completamente, ficando em suspensão como glóbulos de óleo em água. A única coisa que importa é que você consiga criar essa combinação na mente. A forma não faz diferença, contanto que a idéia de combinação seja respeitada. Use o que melhor lhe convier.

Outros exemplos: o caminho três, entre a esfera 1, Kether, e a esfera 6, Tipheret, seria uma mescla de transparente e dourado, ao passo que o caminho 21, da esfera 4, Chesed, à esfera 7, Netzach, seria turquesa (mescla de verde e azul) ou qualquer das variações dessas duas cores a que se pode chegar usando as idéias acima fornecidas. Os caminhos de ou para Malkuth podem criar um problema, já que essa esfera possui quatro cores, as cores dos elementos. Ele poderá ser resolvido usando-se um tom de marrom forte para representar Malkuth.

Detenhamo-nos agora no tarô. Embora a origem do tarô seja discutível, isso não haverá de impedir seu uso prático. Versões dos Arcanos Maiores que figuram na antiga arte da memória foram associadas às igrejas Cóptica, Ortodoxa Grega e Romana, onde permaneceram, fragmentadas porém reconhecíveis, até a recente e insensata modernização da liturgia e da tradição. Independentemente de ser o tarô acusado por fanáticos religiosos de ser "a galeria de pintura do diabo" ou aclamado por praticantes de Magia como o livro perdido de Thoth, seu lugar na Magia continua garantido. Assim como os Arcanos Menores adequam-se às esferas, os Maiores adequam-se aos Caminhos. Sem a menor dúvida, o melhor arranjo até hoje sugerido é o que W. G. Gray indica em seus dois livros notáveis, *Magical Ritual Methods* e *The Talking Tree*.[1] Esse arranjo é o seguinte:

CAMINHO	ESFERAS	TRUNFO DO TARÔ
11	1-2	O Hierofante
12	1-3	O Ermitão
13	1-6	A Estrela
14	2-3	O Julgamento
15	2-4	O Imperador
16	2-6	A Temperança
17	3-5	A Morte
18	3-6	O Enforcado
19	4-5	A Justiça
20	4-6	A Força
21	4-7	A Imperatriz
22	5-6	A Torre
23	5-8	O Diabo
24	6-7	Os Amantes
25	6-8	O Carro
26	6-9	O Sol

27	7-8	A Roda da Fortuna
28	7-9	A Sacerdotisa
29	7-10	O Mundo
30	8-9	O Mago
31	8-10	O Louco
32	9-10	A Lua

Os trunfos do tarô, como as cartas dos Arcanos Menores, constituem focos ideais para meditação ou contemplação, seja em rituais ou a qualquer momento, quando o tempo permitir. Naturalmente, saber como as cartas se relacionam com a Árvore da Vida enriquece a compreensão das cartas de uma forma que não é possível àqueles que nada sabem dessa associação.

O trabalho mágico de um caminho em si é relativamente simples se você estiver familiarizado com as técnicas de criação da Esfera Cósmica e sintonização dessa com uma determinada esfera. Sem esse conhecimento — o que, lamentavelmente, é a regra na maioria dos casos dos magos — o trabalho dos caminhos se torna uma experiência custosa e desconexa, que cria muita confusão, contradição e mesmo especulações delirantes acerca das mensagens resultantes dessa falta de um plano básico coerente. Na melhor das hipóteses, transcorrerão anos até que se descubra algo que valha a pena. Na pior, será apenas mais um erro daqueles que preferem prosseguir de forma não científica.

Cada caminho é uma combinação de duas esferas, de modo que a abordagem lógica deve ser a criação de cada esfera, seguida de uma sintonização ao caminho. Talvez a melhor forma de explicar isso seja por meio de um exemplo. Imaginemos então que a intenção seja trabalhar o vigésimo sexto caminho, da esfera 6, Tipheret, à esfera 9, Yesod. A seguir, algumas idéias úteis que você poderá usar ou ampliar conforme deseje. Elas destinam-se apenas à sua orientação, não devendo ser vistas como algo que deve ser seguido à risca.

Etapa Um: As Correspondências

Obviamente, comprar ou confeccionar um mantel para cada esfera e caminho seria extremamente caro ou trabalhoso. Uma solução melhor é ter um mantel branco liso e, se possível, variar colocando faixas ou pedaços de tecido colorido no altar. Neste caso, você poderia usar um tecido dourado da direita para a esquerda e um tecido prateado de cima para baixo.

Use três velas, uma para cada esfera e uma para o caminho. As velas das esferas devem ser das cores apropriadas, ao passo que a do caminho poderia ser branca.

Elas podem ser acesas no momento certo do ritual, consistindo assim num bom ponto de concentração.

Use as cartas do tarô: elas são importantíssimas. Coloque a carta principal — a que representa o caminho, neste caso, a carta O Sol, dos Arcanos Maiores — no meio do altar, com a vela que representa o caminho logo atrás dela. Use também os Arcanos Menores. Ao voltar-se para o leste mágico, o 6 e o 9 de Espadas devem estar no leste; o 6 e o 9 de Paus, no sul; o 6 e o 9 de Copas, no oeste; e, finalmente, o 6 e o 9 de Ouros no norte. A vela da esfera 6 (Tipheret) deve ser colocada à esquerda e a da esfera 9 (Yesod), à direita. Elas podem estar no altar ou, se você preferir, nos quadrantes apropriados do templo. O espaço disponível é um fator decisivo nessa questão. Ao lado, o diagrama do arranjo ideal do altar para o caminho 26 (Figura 12).

Sempre me perguntam qual o incenso que deve ser usado para o caminho. Misture os incensos das esferas ou, se preferir, queime-os separadamente, para que a mistura natural dos aromas produza o efeito desejado. Não é preciso comprar incensos feitos sob encomenda para cada caminho.

Etapa Dois: O Trabalho Interior

O procedimento para sintonização do templo a um caminho é semelhante ao adotado para as esferas. Naturalmente, o templo deve ser aberto usando as já familiares técnicas descritas nos capítulos anteriores. O grosso do trabalho mágico agora se divide em três fases:

1. Sintonização do templo com a primeira esfera.

2. Sintonização do templo com a segunda esfera.

3. Sintonização final ao caminho.

Conforme você deve se lembrar, há duas formas distintas de invocar uma esfera: objetiva ou subjetivamente. Para passar de uma a outra, altere a direção mágica do natural para o pessoal. Consideremos primeiramente a abordagem objetiva no trabalho com os caminhos de uma maneira externa.

Ao lidar com os caminhos, não importa qual das esferas é invocada primeiro; isso é em grande parte uma questão de opção. Imaginemos que você comece pela esfera 6, Tipheret. Canalize a atenção para a Coroa, veja a gema dourada começar a brilhar e deixe que a luz dourada penetre no templo em sentido horário, a partir do sul mágico. Concentre-se então no ponto inferior e no Cubo. Este brilha, mais

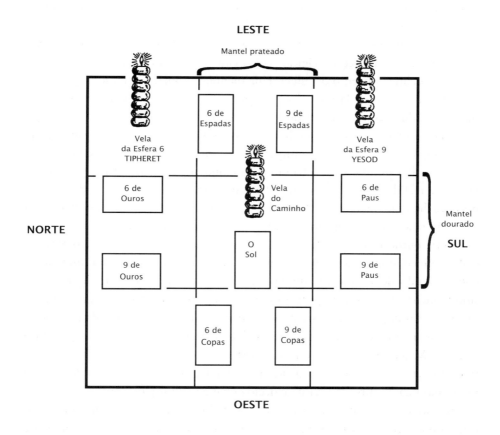

Figura 12. Arranjo do Altar para o Caminho 26

uma vez, com a mesma luz, que entra no templo em sentido anti-horário, começando, mais uma vez, pelo sul mágico. Acenda a vela que representa essa esfera como indicação simbólica de que o templo agora está aberto para Tipheret e o Sol. Se não quiser misturar os incensos, queime um deles agora.

Em seguida, invoque a segunda esfera, a qual, neste caso, é Yesod, a esfera 9. Novamente, o mesmo procedimento: canalize a atenção para a Coroa, deixe que a luz penetre em sentido horário, começando pela direção mágica correta, concentre-se no Cubo e deixe a luz entrar em sentido anti-horário etc. Desta vez, porém, a luz é prateada e a direção mágica, evidentemente, é o oeste. Acenda a vela apropriada e queime o incenso da esfera. Finalmente, sintonize o templo ao caminho. Há diversas formas de fazê-lo. Com a prática, você sem dúvida encontrará a que mais se coaduna com as suas próprias necessidades.

Procure manter a maior simplicidade possível para não sobrecarregar a mente com complexidades e, assim, confundir o subconsciente. Imagine uma porta com o número do caminho e/ou o trunfo correspondente do tarô. Cruze essa porta e explore a realidade que está por trás dela ou simplesmente deixe que idéias e impressões lhe venham à mente. Naturalmente, isso pode ser simbolizado, mais uma vez, com o acender da vela do caminho e a queima de incenso.

Entre outras possibilidades, está a seguinte: canalize a atenção para o centro e o altar cúbico interior dourado. Visualize-os envoltos nas cores do caminho, talvez com o trunfo do tarô acima do altar. A partir daí, tudo será uma questão de simplesmente usar a mente para explorar isso ainda mais, deixando que venham livremente as impressões. Existem muitas outras variantes e possibilidades, e sugiro-lhe que pense nelas para adotar a que lhe parecer a melhor, pois o segredo do êxito na Magia muitas vezes está na satisfação com um determinado modo de trabalhar, em vez de "forçar" uma idéia a funcionar. Use à vontade as idéias deste livro, mas pense sobre elas, reflita e decida qual é melhor para você.

Se você perfizer o procedimento com cuidado, sua mente se sintonizará com o caminho correto de forma realística. Em resumo, seu consciente se estreitará até atingir um campo de influência ou entrará em sintonia com a faixa de consciência que você tiver selecionado. Ao fim da meditação, faça o encerramento da forma habitual. Com o apagar das velas do caminho e das esferas, o ato pode ganhar ímpeto extra. Após a conclusão, tome nota de tudo que lhe possa ocorrer, com vistas a futuras considerações.

Tendo acabado de abordar o tipo subjetivo de meditação, devo frisar que devemos levar em conta a abordagem objetiva (auto-abordagem). Para tal, basta mudar a direção mágica, conforme descrito anteriormente. Você provavelmente achará interessante comparar os resultados obtidos com cada uma das alternativas.

No último capítulo, aprofundaremos bastante a discussão que tivemos até aqui com a abordagem de sua relação com as marés cósmicas e a maneira de usá-las em seu benefício.

Os Caminhos

A lista de cores dos caminhos fornecida a seguir sem dúvida lhe será útil. Em certas circunstâncias, as cores das esferas mesclam-se, formando uma terceira cor (por exemplo, azul e amarelo formam verde). Isso pode ser usado em vez da idéia mais comum de mistura entre "água e óleo".

Caminho	Cores principais	Cor alternativa
11	Transparente/Branco	
12	Transparente/Preto	
13	Transparente/Ouro	
14	Branco/Preto	Cinza
15	Branco/Azul	
16	Branco/Ouro	
17	Preto/Vermelho	
18	Preto/Ouro	
19	Azul/Vermelho	Roxo
20	Azul/Ouro	Verde
21	Azul/Verde	Turquesa
22	Vermelho/Ouro	Laranja
23	Vermelho/Laranja	Escarlate
24	Ouro/Verde	Verde-limão
25	Ouro/Laranja	Âmbar
26	Ouro/Prata	
27	Verde/Laranja	
28	Verde/Prata	
29	Verde/Marrom	
30	Laranja/Prata	
31	Laranja/Marrom	Ocre
32	Prata/Marrom	

CAPÍTULO 9
AS MARÉS CÓSMICAS

Neste capítulo final, analisaremos mais detidamente as esferas e caminhos, na tentativa de mostrar-lhe o quanto você pode melhorar seu trabalho usando atribuições planetárias pessoais.

Primeiro, precisamos retornar à idéia de polaridade. Ela é evidente ao longo de todo o esquema cósmico, em exemplos como Coroa/Cubo, leste/oeste, norte/sul, centro/periferia e assim por diante. Ela é evidente também no dia-a-dia; na verdade, nada aconteceria se não existisse polaridade. Teríamos inércia. O estudo da polaridade revela muito àquele que busca, mas, por enquanto, vamos considerar apenas um aspecto: a polaridade que existe entre você e as energias da vida. Com isso, refiro-me às energias que aparentemente estão fora do indivíduo e inscrevem-se nas convenientes categorias de planetárias ou elementais.

Energia e Simbolismo

Primeiro atente para o fato de que a energia flui livremente de uma fonte criadora. Essa fonte não tem forma nem direção e não é cognoscível no sentido normal. A Árvore Cabalística da Vida reconhece isso com a referência aos Véus Negativos. O autor esotérico W. G. Gray simplifica-a acrescentando um zero ao topo da Árvore.

Todavia, o que devemos ter em mente é que esse nada, essa fonte de energia incognoscível, existe e é a causa da própria Árvore. É impossível tentar entender essa fonte de um ponto de vista consciente, pelo fato de ser ela demasiado abstrata para que a mente possa apreendê-la. Esse é o tipo de dificuldade encontrado quando se lida com esse estado de não-existência.

No reino da Magia Prática, perceba-o ou não, o mago dá forma a uma fonte abstrata, a qual, por sua vez, derrama sua energia no que ele pensa. Sustentando os pensamentos, os resultados serão inevitáveis.

A capacidade que a humanidade tem de usar a energia da fonte criadora é inquestionável — isto é, a menos que se dê ouvidos a dogmas restritivos como os que são oferecidos pelas religiões. Contudo, devido à natureza abstrata da fonte e à forma com que isso propicia a manifestação por meio do pensamento humano, vários tipos de imagens vêm sendo usados. Deus é uma delas. A fonte empresta força às imagens a despeito de serem elas boas ou más, o que explica o sofrimento tão evidente no mundo de hoje. Portanto, tem importância vital a seleção de imagens que sejam, em vez de restritivas, benéficas. Deus, enquanto tal, é uma imagem — nada mais. Por trás de qualquer imagem divina está a eterna fonte criadora da qual emana a verdadeira energia e, por isso, é um erro presumir que Deus seja energia.

A nossa capacidade de estabelecer contato e usar a energia da fonte torna-se muito mais fácil através do uso de imagens. Deuses, arcanjos, anjos e congêneres são, aliás, imagens muito convenientes justamente para esse propósito. Eles são símbolos. Da mesma forma, os planetas, elementos e toda a Árvore da Vida, por meio dos quais a energia criadora pode ser reconhecida e usada. Dito de forma simples, eles são imagens específicas que, se usadas corretamente na mente, permitem um canal para o fluxo da energia criadora. Por uma questão de conveniência, adotamos uma atitude mental segundo a qual a energia está no ar — ela é objetiva. A maior parte do trabalho mágico usa essa abordagem objetiva, mas ela é apenas uma parte de uma equação que tem duas.

Energia Objetiva, Energia Subjetiva e Planetas em Trânsito

Uma das melhores maneiras de analisar o potencial de uma pessoa é com o uso do mapa astral. O mapa é simplesmente um esquema simbólico do potencial dessa pessoa. Ao contrário do que muita gente pode dizer, o mapa astral não é um mapa do destino nem um guia do karma. Esses dogmas devem ser rejeitados por todos aqueles que realmente desejarem estudar Magia. Pouco se fez até hoje em termos das implicações puramente esotéricas presentes nesses mapas, o que é uma pena, já que tal estudo muito nos traria. Uma das áreas de pesquisa nesse campo diz respeito à descoberta dos planetas regentes do indivíduo. Além das aplicações mais práticas — como, digamos, determinar qual o planeta que rege a saúde em um mapa astral ou carta astrológica natal —, existem indicadores esotéricos óbvios.

Cada planeta presente num mapa astral é um ponto de contato simbólico com a energia objetiva, e disso se faz amplo uso em astrologia. Você provavelmente já ouviu falar das previsões astrológicas feitas com o uso de trânsitos e progressões. Dito de forma simples, isso significa que o astrólogo calcula quando um planeta forma um aspecto com outro em seu mapa astral. A partir disso, dependendo da natureza de ambos os planetas, podem-se deduzir certas tendências. Observe que eu disse *tendências* — elas são tudo o que o astrólogo pode prever. Ninguém pode fazer previsões com precisão absoluta, pelo simples fato de que cada indivíduo tem direito a escolher qual a forma de usar essas energias. Se as previsões funcionam é porque a maioria das pessoas é previsível, e não porque o karma, o destino ou qualquer outro ideal negativo assume o controle. E isso porque a maioria das pessoas decide ser assim.

Os planetas que estão no céu, chamados de planetas em trânsito, são os indicadores simbólicos de tipos específicos de energia criadora. Os planetas do mapa astral, chamados de planetas natais, são pontos sensíveis que simbolizam a recepção de energia pelo indivíduo. Os planetas em trânsito são, portanto, energia objetiva, e os planetas natais são indicativos de energia subjetiva. A relação em constante mudança que se estabelece entre os planetas em trânsito e os planetas natais é medida em termos de aspectos. O aspecto é simplesmente uma forma de medir quando um planeta em trânsito é capaz de fornecer a energia que lhe é específica. Isso é medido em termos de ângulos. Certos ângulos (como o de 90°) são considerados difíceis, ao passo que outros (como o de 120°) são considerados benéficos. Entretanto, o principal a lembrar é que, quando se forma um aspecto, a energia flui da fonte criadora para uma determinada área da vida. Por exemplo, suponhamos a presença de um trânsito de Júpiter com um Sol natal. Haveria um direcionamento da energia de Júpiter para o íntimo da pessoa, conforme simboliza o Sol, cujos efeitos se manifestariam em termos de um efeito conjunto dos dois planetas. Uma possibilidade seria um aumento do otimismo dessa pessoa, juntamente com um tanto de sorte. Naturalmente, estamos fazendo aqui uma simplificação; há muitos outros fatores a considerar. Contudo, a idéia de que um trânsito fornece energia a um planeta receptor do mapa astral é correta.

O que precisamos considerar agora é como usar esse princípio em sentido mágico. Quando um planeta em trânsito forma um aspecto com um planeta na-

– 121 –

tal, o que isso nos diz? Em essência, mostra-nos que a polaridade que existe entre a energia objetiva (no ar) e a parte receptiva de nós mesmos — indicada pelo planeta natal subjetivo (em nós) — na verdade está promovendo o fluxo da energia. Se nos aprofundarmos um pouco mais, veremos que o fluxo de energia, conforme indica o aspecto, é mostrado claramente na Árvore da Vida sob a forma de caminhos. O que é um caminho senão o canal ao longo do qual a energia flui entre duas esferas ou dois planetas? Os aspectos, portanto, correspondem a caminhos da energia.

Todo planeta é um indicador simbólico de um tipo específico de energia, que também corresponde ao plano de Assiah de uma esfera. Agora considere o seguinte:

Energia objetiva: corresponde ao Pai Magnânimo, a parte positiva de uma esfera. O planeta que está no céu é indicativo dessa força.

Energia subjetiva: corresponde à Mãe-Terra, a parte receptiva de uma esfera, e é simbolizada por um planeta no mapa astral.

Assim, existem três possibilidades:

1. Energia objetiva, indicada pelos planetas no céu, e seus caminhos, indicados pela formação de aspectos entre si.
2. Energia subjetiva, indicada pelos planetas no mapa astral, juntamente com caminhos similares formados pelos aspectos.
3. Talvez o mais importante seja o efeito conjunto dos planetas objetivos na formação de caminhos de energia para os planetas subjetivos no mapa astral. Vejamos agora o que isso significa.

A Obra Esotérica que Envolve Energia Objetiva

No primeiro esquema, conforme se movem no sistema solar, os planetas naturalmente formam aspectos, cada um dos quais dá lugar a um caminho de energia. Por exemplo, quando o Sol forma um aspecto com Mercúrio, forma-se o caminho 25 (Tipheret-Hod) e a energia começa a fluir. Observe que nenhum dos dois planetas assume o papel de positivo ou negativo; ambos são iguais. Em termos da Magia, isso pode ser investigado utilizando as técnicas normais, fornecidas no Capítulo 8. Pode-se usar um aspectário para determinar quando esses caminhos se formarão.[1] Naturalmente, quando um aspecto está se processando no céu, a energia atinge o pico e o trabalho mágico resultante seguramente será mais eficaz que em qualquer outro momento. Porém não se esqueça de que isso não quer dizer que um determinado caminho só possa ser trabalhado quando seu aspecto correspondente se formar no céu. Os caminhos podem ser trabalhados a qualquer instante, só que os resultados provavelmente serão melhores quando de fato houver um aspecto.

A Obra Esotérica que Envolve Energia Subjetiva

Para usar esta técnica, você precisará de seu mapa astral. Poderá fazê-lo você mesmo ou encomendar um a qualquer dos diversos serviços astrológicos existentes.[2] De posse dessas informações, você estará pronto para investigar os caminhos do ponto de vista pessoal, podendo aprender muito a respeito de si mesmo utilizando esta técnica. Na abordagem subjetiva, as direções mágicas pessoais são usadas o tempo todo.

Trabalhando os Caminhos

O terceiro esquema reúne ambas as formas objetiva e subjetiva de energia, propiciando um verdadeiro trabalho dos caminhos. Muitas vezes já se tentou explicá-lo, mas a maioria dessas tentativas consiste em cópias de idéias obsoletas provindas da Aurora Dourada. O esquema a seguir é, sem dúvida, o melhor dentre os existentes, pois não só obedece a uma estrutura sensata, como também leva em conta o que está se passando no céu e sua relação com você. Esse tipo de trabalho dos caminhos tem a vantagem de unir a energia positiva, objetiva, do céu à parte subjetiva de você mesmo, constituindo assim o que há de melhor no trabalho das polaridades.

A melhor maneira de descrever esse tipo de trabalho dos caminhos é por meio de exemplos. Suponhamos que você vai trabalhar o caminho vinte, que reúne as esferas de Tipheret e Chesed e os planetas regentes Sol e Júpiter. Há duas formas de fazê-lo. A energia flui ou da esfera 6 para a esfera 4 ou ao contrário. Portanto, é necessário determinar de antemão qual o planeta que deve atuar de modo positivo, objetivo. Para fins do nosso exemplo, partamos do princípio de que a esfera 6 seja a força objetiva, enquanto a esfera 4 assume o papel de receptiva.

Cuide das correspondências e demais questões pré-ritualísticas e abra o Templo Interior. Concentre-se primeiro no planeta/esfera objetivos utilizando a espiral de luz dourada em sentido horário a partir da Coroa (já que o ouro é a cor que corresponde à esfera 6). Veja-a penetrar no templo em sentido horário, começan-

– 123 –

do pelo sul mágico (a direção mágica normal do Sol). Deixe-a crescer na imaginação e, evidentemente, utilize correspondências como velas, incenso, cartas do tarô etc. A parte objetiva da equação assim estará completa.

Agora você precisará cuidar da parte subjetiva. Concentre-se no Cubo da base, que passa a funcionar como símbolo da força subjetiva de Júpiter/Chesed. Imagine-o reluzir com a luz azul que sobe em sentido anti-horário. Por estar lidando com seu próprio planeta subjetivo, você precisará usar agora sua direção mágica pessoal como ponto de entrada no templo, em vez da direção normal (que, naturalmente, corresponde à energia objetiva). Isso vai variar conforme a pessoa. Para fins do nosso exemplo, imaginemos que sua direção mágica pessoal para Júpiter seja leste. Sendo assim, visualize a entrada da energia no templo em sentido anti-horário a partir do leste mágico. Detenha-se alguns instantes imaginando isso, estabelecendo as correspondências apropriadas e tudo mais. O resto do trabalho consiste em lidar com o efeito conjunto da forma descrita nos capítulos anteriores.

Lembre-se que é possível trabalhar os caminhos a qualquer momento. Porém se você souber quando eles estarão se formando de fato, esses períodos certamente darão mais peso a seus esforços, pois você estará em sintonia com o que realmente está acontecendo, conforme os ditames das marés cósmicas. A única forma de saber quando esses caminhos se formarão é através de um aspectário que indique quando os planetas em trânsito entrarão em aspecto com seus planetas natais. Ou, opcionalmente, aprender você mesmo a determiná-lo. Qualquer bom livro de astrologia o ajudará a fazer isso.[3]

Embora a maior parte deste capítulo seja dedicada aos caminhos, leve igualmente em consideração as esferas. Elas também podem ser trabalhadas do ponto de vista das polaridades com técnicas semelhantes. Até aqui vimos apenas a abordagem objetiva, que utiliza a direção mágica natural do planeta. Aprofundemos então um pouco mais essa abordagem.

Assim como no caso dos caminhos, há três possíveis permutações:

1. Objetiva, usando os planetas do céu.

2. Subjetiva, usando os planetas do mapa astral.

3. Coletiva, reunindo os planetas objetivos e subjetivos.

Planetas objetivos

Lida com a realidade da energia do planeta (e da esfera) em si. Usam-se as direções mágicas normais (por exemplo, o norte mágico para Vênus e sua esfera regente,

Netzach). A abertura da esfera consiste no trabalho em sentido tanto horário quanto anti-horário a partir dessa direção mágica.

Ao lidar com a energia objetiva pura de uma determinada esfera, lembre-se de que está trabalhando com a energia objetiva. A direção mágica normal é válida, Porém, no trabalho mais avançado, você talvez prefira introduzir a idéia adicional da posição real do planeta/esfera em questão. Por exemplo, se você estiver trabalhando com a energia objetiva do Sol, usará a direção mágica sul. Se no momento do trabalho o Sol estiver, digamos, no signo de Touro, então, pelo fato de este ser um signo da Terra, a energia do Sol também se manifestaria através do norte mágico.

Planetas subjetivos

Esses correspondem aos planetas de seu mapa astral, os quais, evidentemente, são receptivos por natureza. Nesse caso, são válidas as suas direções mágicas pessoais, que podem diferir das normais. Entretanto, essas direções específicas devem ser usadas para esse tipo de trabalho.

Aqui lidamos com planetas fixos e aspectos que podem ser mediados e trabalhados de um ponto de vista pessoal. Em resumo, eles são o melhor instrumento de autodescoberta. Para tal, analise seus planetas pessoais. Dois pontos importantes sobressaem: primeiro, há uma ligação natural entre o planeta e a sua direção mágica (por exemplo, Mercúrio-Espada-leste mágico). Isso se associa ao modo objetivo da energia. Em outras palavras, a Espada Mágica é o símbolo de controle da energia objetiva, positiva, de Mercúrio e sua esfera, Hod. Segundo, cada arma (e direção) tem também um segundo regente, que é determinado pelas posições planetárias em seu mapa astral.

Suponhamos que sua Espada Mágica esteja regendo Vênus. Do ponto de vista subjetivo, Vênus e sua esfera correspondente, Netzach, devem ser buscados na direção mágica do leste, em vez da direção tradicional (objetiva) norte. Naturalmente, a Espada Mágica substituirá o Escudo na função de símbolo de controle. Esse trabalho consistiria em abrir o templo em sentido tanto horário quanto anti-horário a partir da direção mágica pessoal. Caso haja confusão, a regra é a seguinte:

No trabalho objetivo, use a direção mágica normal, juntamente com o símbolo de controle apropriado.

No trabalho subjetivo, use a direção mágica pessoal, juntamente com o símbolo de controle apropriado.

Trabalhos coletivos

Diz-se que a Árvore da Vida possui 32 caminhos. Embora possa parecer estranha, essa declaração é verdadeira, caso se levem em conta os efeitos da polaridade. Por exemplo, é fato que o Sol no céu deve necessariamente formar aspectos com o Sol em seu mapa astral, criando assim um caminho. Acrescentem-se os dez caminhos assim formados aos 22 caminhos tradicionais entre as esferas e temos um total de 32. Pense nisso. Os caminhos existentes entre esses planetas são reais e, portanto, trabalháveis.

O trabalho coletivo de um planeta/esfera é uma questão simples. Ele pode estar ligado aos aspectos reais que se formam no céu ou, como sempre, ser realizado a qualquer instante. Como nos demais esquemas, os melhores resultados provavelmente ocorrerão quando há de fato um aspecto, devido ao pico de energia que se verifica. Primeiro concentre-se no planeta positivo, objetivo, e deixe a energia entrar no templo em sentido horário. Em seguida, concentre-se no planeta subjetivo (que naturalmente é o mesmo), deixando-o entrar no templo em sentido anti-horário. A partir daí, proceda normalmente com a meditação.

* * *

Considerações Finais

Este livro foi escrito para ajudá-lo a construir uma base segura para o crescimento e dar-lhe muitas idéias originais. O sucesso ou fracasso dele depende do quanto você esteja preparado para refletir sobre essas idéias e pô-las em prática. A partir de agora, cabe a você continuar o trabalho a seu próprio modo e em seu próprio ritmo. É possível que certas informações adicionais venham a revelar-se úteis para você.

Você encontrará muitas idéias, conceitos e ideais em sua busca mágica. Nunca os aceite nem rejeite com precipitação. O verdadeiro conhecimento é adquirido quando olhamos para tudo que se nos apresenta e perguntamos: *por quê?* Questione tudo. Lembre-se que o caminho da verdadeira Magia está em ser um indivíduo dentro do todo — e só através do questionamento isso é possível.

Compartilhar conhecimento e experiência é algo muito válido, contanto que a individualidade não seja sacrificada em prol do instinto gregário. Uma coisa é formar ou participar de um grupo para estudar ou atingir um objetivo comum; outra é tornar-se escravo da sensação de exclusão ou usar o aparente conforto do grupo para compensar a falta de autoconfiança. Além dos grupos, o esoterismo social pouco tem a oferecer aos que vêem a aprendizagem com seriedade — melhor deixar essas coisas ao rebanho e aos que nasceram para ser vítimas de qualquer que seja a tendência que estiver na moda.

As mentes ocidentais precisam seguir o caminho do Ocidente. Na verdade, isso quer dizer que você deve observar as tradições ocidentais e adotar aquelas que sejam significativas. Essa não é uma tarefa fácil, dado que boa parte da tradição ocidental foi sepultada por superstições ou dogmatizada por pretensos sacerdotes, tanto do presente quanto do passado. A devoção a um guru pode ser uma prática válida no Oriente, mas é a antítese da Grande Obra aqui no Ocidente. As verdadeiras tradições não são necessariamente encontradas nas lojas ocultistas. Na verdade, eu ficaria surpreso se essas organizações tivessem alguma noção dessas coisas. As verdadeiras tradições encontram-se na própria terra e podem ser acessadas e trabalhadas por quem quer que se disponha a fazê-lo. "Como?", você perguntará. O caminho é diferente para cada ser humano. Peça e lhe será concedido, busque e encontrará, bata e a porta ser-lhe-á aberta. Essas são palavras sábias. A chave para os mistérios mais profundos está dentro de você, em seu subconsciente. Procure compreender e você compreenderá.

Dá-se importância demais ao que, na verdade, são práticas pseudo-orientais, importadas e capitalizadas pelos que têm necessidade de controlar multidões de crédulos. Em Magia encontramos vilões usando a *persona* do hipnotizador-guru inescrupuloso que está sempre à espreita daquela que, a cada dez pessoas, tem a combinação de características certa para tornar-se a vítima ideal: aptidão natural para o sonambulismo, atitude crédula e ego fraco. Uma em cada cinco pessoas pode atingir o estado de transe sonambúlico (o nível mais profundo da hipnose). Essa capacidade, assim como o cabelo ruivo, nada tem a ver com a inteligência ou o caráter, mas, quando aliada à credulidade e a um senso de identidade subdesenvolvido, cria o perfil psicológico do crente. Essas pessoas são a presa natural dos mistificadores mágicos. E, assim como não se pode acabar com a pobreza ou o crime, na verdade não se pode protegê-las desse tipo de exploração. O que se pode fazer é, sim, reduzir substancialmente o prestígio dos dúbios gurus que as vampirizam estabelecendo uma tradição mística ocidental genuína, dotada de padrões reconhecidos, que é o que espero atingir escrevendo livros como este.

Diz o bom senso que é bom observar as coisas de diferentes pontos de vista e comparar os rituais e tradições de outros sistemas de pensamento. Em resumo, você precisa encontrar suas próprias raízes antes de pretender crescer. Essas raízes estão nos mitos, costumes, práticas e tradições de sua cultura. Elas evidenciam-se também em locais antigos — não, como alguns podem querer convencê-lo, na forma de trilhas, mas sim como uma força viva e vibrante que existe e exerce efeitos sutis nos níveis subconscientes de percepção. Volte à sua terra! Redescubra os contos folclóricos e os costumes de seus ancestrais, e a Magia surgirá mesmo sem ser convidada.

Finalmente, todas as formas de Magia são, em essência, práticas. Faça a si mesmo a seguinte pergunta: de que vale a meditação se não promove o nascimento de uma idéia utilizável? Por isso, medite e depois aja. Essas palavras não são minhas, mas de alguém que é verdadeiramente sábio. É comum o praticante de esoterismo viver em outro mundo, um mundo irreal, presumindo que suas realizações e suas percepções íntimas sejam dons ou dádivas sagradas. Isso é besteira. Tudo que ele pode fazer é extrair do subconsciente certas informações que provavelmente terão valor para ele ou para o mundo em geral. Guarde para si as informações pessoais, mas procure sempre aplicá-las. Todas as grandes descobertas, invenções e pensamentos profundos vêm do subconsciente. Um pensamento, uma inspiração ou uma percepção não são nada se não encontrarem aplicação.

Observe a Árvore da Vida. Você vê a sua mensagem? Ela está enraizada na terra boa de Malkuth, onde cresce e frutifica. Sem terra, não há Árvore — e sem Árvore, não há fruto. Tudo precisa deitar raízes na terra para crescer, e assim é com as idéias. Observe também que a energia da Árvore desce até concretizar-se em Malkuth, o que constitui mais uma indicação da realidade da vida e da necessidade de dar forma aos pensamentos. Sem pensamentos, não há crescimento; nada evolui no sentido mais verdadeiro da palavra. Sem terra, não há crescimento. Pense na seguinte analogia: semear sem terra — algo que não pode ser feito. A energia do pensamento, conforme indica a Árvore, e a projeção desses pensamentos como realidades caminham lado a lado. São inseparáveis. Esse é um dos reais segredos da Árvore da Vida. O que você colherá dela?

*   *   *

Sinceramente, espero e desejo que você, aprendiz, encontre tudo aquilo que realmente busca. Se este livro tiver contribuído de alguma maneira para essa causa, estarei satisfeito: meu trabalho terá sido realizado. De agora em diante, o caminho está aberto para você. Você errará e descobrirá. Os erros e as descobertas o ajudarão a elevar-se acima da norma da mentalidade do instinto gregário. Não tenha medo de explorar novos territórios nem de pensar por si. Você cometerá erros, mas não se esqueça que os erros são chaves para coisas maiores.

A Magia é uma ciência, a ciência de usar o vasto potencial do subconsciente. Use-o e ele transformará sua vida. Use-o bem e você *saberá*.

Apêndice:
Trabalhando com Imagens Telesmáticas

O renovado interesse que vem merecendo a Magia já dura mais ou menos uma década, mas ainda são poucas as pessoas que realmente compreendem a prática da Magia ritual. Essa situação persiste, apesar de centenas de diferentes livros sobre o tema estarem em constante circulação. Por quê? A razão é que muitos, se não a maioria, dos magos são ingênuos quanto à verdadeira natureza da Magia. A Magia ritual é hipnose ritual, na falta de uma palavra melhor.

    É bem verdade que há muitos magos que só de má vontade admitirão essa definição "hipnótica", mas, para ter sucesso hoje em dia, você deve abraçar o paradigma! Assumindo esse risco, você ao mesmo tempo aperfeiçoa sua técnica, confirma seus resultados, confunde os críticos e faz de si mesmo uma pessoa honesta.

    Se a Magia sempre foi hipnótica e se a Cabala sempre ensinou que o microcosmo interior é a chave da transformação pessoal, então por que, nos últimos cem anos, deixamos de lado ou ignoramos completamente as técnicas e os princípios fundamentais da Magia? Perdidos em um labirinto de iniciações quase maçônicas e especulações quase freudianas, esquecemos que o que o mago basicamente faz é comunicar-se com entidades, anjos — isto é, componentes da personalidade — invocados a assumir a forma física através de uma bola de cristal, espelho ou tigela com líquido escuro (Guinness funciona especialmente bem!).[1]

    Muitos magos passam horas a fio tentando conjurar os espíritos a assumirem forma física em fumaça sobre o Triângulo da Arte. A fumaça é provavelmente o ponto de foco mais hipnótico que se possa imaginar. Com prática regular, podem-se obter resultados usando um cristal ou espelho escuro, dentro da configuração da Esfera Cósmica e com as quatro portas.

Aplicando a Hipnose na Magia Ritual

A indução do estado de hipnose mágica ou estado alterado de consciência é essencial a esse tipo de obra. Com a subsunção da consciência e a persistência na prática, o mago ritualista treinado consegue passar rapidamente do transe leve (hipnóide) ao estado receptivo. Ele pode também responder perguntas em sua própria *persona*, entremeando comentários seus aos comentários da entidade (dependendo de ser o destinatário o receptor ou a entidade), sem deixar de participar o tempo todo do ritual.

Se certos rituais prolongam-se mais não é para concentrar energia. Todo ritual destina-se a conduzir ao ápice do transe, a calar a mente gradualmente e a atingir um nível de consciência útil a determinada atividade mágica. Começando pelo nível mundano, cada etapa de alteração da consciência é atingida por meio de uma ação — acender uma vela, queimar incenso, ungir, invocar etc.

O modo como invoco uma energia planetária processa-se inteiramente por meio das imagens telesmáticas dos arcanjos. Hoje raramente executo rituais de Magia Prática — o que não deixa de ser curioso, pois eu poderia esforçar-me mais para melhorar minha situação material e atingir minhas metas pessoais e mágicas. Acho que é muito estranho não conjurar meus anjos a saírem mundo afora e trazerem de volta alguns trocados de vez em quando. Porém quando se entra de cabeça no lado esotérico da Magia, o lado prático acaba mesmo parecendo mundano. Isso não pode ser explicado; é como quando você sabe uma coisa que não consegue explicar! Tive com a Árvore experiências fantásticas que, no entanto, não podem ser descritas. Se você executar um ritual prático, obterá resultados práticos, mas nada estará acontecendo por dentro, em outros níveis. Com os rituais esotéricos, você tem uma enorme sensação de gratificação, júbilo, amor e serenidade — e essa sensação permanece com você. No clímax desses ritos, a intensa pureza, beleza e força da sensação é simplesmente... incompreensível.

Conhecendo os Arcanjos

Eu tinha na cabeça uma idéia de como os arcanjos seriam, pelo fato de haver lido *Ladder of Lights*, de W. G. Gray. Por isso, minhas incursões à Árvore incorporavam essas imagens em minhas visualizações. O trabalho é duro, mas não demora muito e eles ouvem seu chamado e reconhecem seu trabalho.[2] Pela maneira como eu imaginava Júpiter, esperava que Tzadkiel fosse um tipo roliço, alegre, de meia-idade. Mas, quando ele resolveu aparecer, vi que era baixinho, bem jovem, com penteado à egípcia e trajes com feitio mais à latina. Portanto, não se pode mesmo abordar a coisa com idéias preconcebidas!

Não se engane: as entidades telesmáticas estão dentro de você. Certo dia, um amigo deu-me o telefone de uma clarividente, dizendo: "Fale com ela; é fantástica." Telefonei para essa senhora, que só me deixou dizer-lhe meu nome. Ela não sabia mais nada a meu respeito. E só conhecia meu amigo por causa do trabalho que faz. Na véspera de vê-la, à noite, resolvi viajar até Tipheret e aconselhar-me com o arcanjo Miguel. Mal acreditei quando, no dia seguinte, ele surgiu durante meu encontro com essa senhora. Ele queria ter certeza de que eu sabia quem ele era, e ela então disse-me: "Ele veio trazer-lhe a Estrela de Davi." Você acha que é fantasia minha? Então não se apercebeu da realidade, pois tudo a seu redor, inclusive você mesmo, é veículo da inteligência divina. Eu fiquei realmente entusiasmado com isso, pois foi uma prova de que meu trabalho com a Árvore estava mesmo funcionando. Você precisa ser paciente, acomodar-se, persistir e desenvolver seu próprio sistema a partir das informações básicas fornecidas neste livro e em *The Ladder of Lights*.

Vou dar-lhe o exemplo de um ritual de Tipheret. (É bom começar em Tipheret porque ela é a esfera do eu.)

Trabalhando o Plano da Árvore

Uso apenas incenso e música quando faço um ritual de Magia Prática (a menos que esteja trabalhando com Malkuth no plano da Árvore). Como os rituais da Árvore da Vida estão bastante envolvidos, uso o material de apoio necessário. Não sinto necessidade de vestir-me especialmente para um ritual. Isso me daria a impressão de estar preparando-me para uma *performance*, o que iria de encontro ao que procuro fazer em um rito. Não sou contra as vestimentas cerimoniais, pois a idéia por trás delas é séria. Elas o fazem sentir-se diferente, e imagino que a roupa pode imbuir-se da força de quem a usa, de modo a potencializar essa força quando é usada. Contudo, eu me sinto diferente o bastante durante um ritual, mesmo sem usar nenhuma vestimenta desse tipo; é uma questão de estado de espírito.

A Preparação

Quando sei qual o rito que executarei em seguida, marco uma data. Antes do dia marcado, penso no rito, repasso-o mentalmente e estudo aquela esfera, de modo que, quando chega o dia, estou psicologicamente preparado.

Como eu disse antes, uso todo o material de apoio necessário — e creio que uso relativamente muito pouco. Quando chega o momento, sempre tomo um banho de banheira. Vejo-o como um ritual, um meio de mudança. Ela pode ser vista como física, mental, espiritual; uma mudança de personalidade, circunstâncias, destino, conhecimento — não importa. É o desejo de alguma coisa. Com um banho, a) fico relaxado, para que a mente possa acalmar-se e deixar-me pensar nos momentos que virão em seguida. Concentro-me no ritual e repasso-o mentalmente pela última vez e b) "lavo a alma", livrando-me dos obstáculos negativos e purgando-os do meu organismo, de modo que, quando puxo o tampão da banheira, os obstáculos vão embora pelo ralo junto com a água suja.[3] Se, por qualquer razão, não for possível um banho de banheira, a antiga prática yogue de inspirar o positivo e expirar o negativo também é muito eficaz.[4]

De volta ao ritual. Fecho a porta, desligo o telefone e a campainha da porta e vou para o local escolhido. Antes de entrar no banho, deixo tudo arrumado: as cartas do tarô certas nos quadrantes, uma vela da cor indicada, uma tigela com líquido escuro, o incenso apropriado para o rito e um toca-fitas portátil com a fita que tiver selecionado para a ocasião.[5]

Resolvo começar por Tipheret e ir direto ao coração da Árvore. Comprei uma prancha, pintei-a de dourado e nela desenhei dois círculos concêntricos com um ponto no meio, do qual provenho. Trago então minha cruz de braços simétricos. Decido que dentro dos círculos está minha própria Malkuth, meu Templo Interior, mas, já que não quero restringir-me a Malkuth, desenho as quatro portas nos pontos mais externos dos círculos.

Coloco as cartas de tarô apropriadas (os quatro 6) nos devidos quadrantes e, no centro, a carta que, para mim, representa o que estou querendo fazer. Coloco a tigela num ponto em que possa observá-la. Acendo a vela antes de entrar no banho e acendo o incenso depois de começar o ritual. Detenho-me alguns momentos, antes de iniciar, concentrando-me na intenção, mesmo que isso implique escrever ou falar em voz alta. Não importa. E, a partir daí, dou prosseguimento ao rito como de hábito.

Percebi que a melhor solução é demorar-me pouco no ritual (mas sem fazer as coisas às pressas). Ninguém consegue concentrar-se por tempo demasiadamente longo. Se você praticar a execução rápida de seus rituais, o subconsciente se acostumará. Se preciso, passe um tempo extra concentrando-se na intenção, mas a qualidade da concentração é mais importante que o tempo nela investido. Se precisar de material extra, use-o — se for uma pessoa, use um boneco; se for dinheiro, use uma moeda. Use o que quer que lhe ocorra. Quem se importa com isso? Quem vai saber? É apenas uma questão de adquirir um hábito, de encontrar uma fórmula que funcione para você.

Tenho diferentes planos para as diferentes esferas e mantenho-as como entidades distintas. É importante estabelecer contato e fazer amizade com os arcanjos. W. G. Gray descreve a personalidade básica de todos eles. Cada uma dessas diferentes personalidades tem diferentes tarefas a cumprir. Conhecê-las solta as asas da imaginação — e o alimento de qualquer trabalho mágico é a imaginação. Quando ela voa, é mais fácil sentir, principalmente se você começar a conhecer essas entidades telesmáticas e a criar carinho por elas. Acredite inteiramente nelas, por um lado, mas lembre-se de que elas são apenas formas telesmáticas de energia.

Obtenha um exemplar de *Ladder of Lights*, de W. G. Gray, e conheça melhor as energias *antes* de incorporá-las. A seguir, você verá a cópia de um plano que uso, retirada de meu caderno particular. Eu havia pensado que todos os rituais seriam exatamente iguais, já que o plano básico seria o mesmo para todos. Não podia estar mais enganado. Cada ritual é completamente diferente dos outros — algo que, entre outras coisas, contribuiu para provar que essas energias todas realmente têm diferentes personalidades. Espero que minhas longuíssimas explicações sirvam para deixar isso claro. Não é que eu ache que se possa fazer amizade com uma esfera, mas com a imagem telesmática dessa esfera? Certamente.

Ritual Básico para Esferas da Árvore da Vida Usando Imagens Telesmáticas

Tipo: Tipheret
Desenhado em cartolina dourada.

O sentido horário indica receptividade; o anti-horário para meditações, instruções etc. Primeiro, reconhecer Gabriel: (oeste). Diante de você, ele veste um traje azul e violeta longo e diáfano; rosto branco como o leite e semblante circunspecto. Ergue na mão um cálice prateado e está envolto em névoa. O cálice deixa transbordar um líquido azul. Gabriel é o arcanjo do elemento Água. Imagine-o de pé à sua frente. Quando o vir claramente, sinta a presença da água ao seu redor. Detenha-se nessa imagem por alguns momentos. Deixe que ela se desvaneça e vire-se para a direita, para colocar-se de frente para o arcanjo Auriel.

Em seguida, reconheça Auriel: (norte). Ele veste as cores da natureza, pois é o arcanjo do elemento Terra. Sua longa vestimenta é verde-oliva e marrom, salpicada de preto. Em sua mão está um Escudo, que representa o elemento Terra. Você percebe a sensação de fertilidade e crescimento emanando dele. Imagine-o bem à sua frente. Sinta-se pisando na terra, sentindo o cheiro da terra molhada, e integre-se a ela. Deixe que essa imagem se desvaneça e dê outra meia-volta, a fim de colocar-se de frente para o arcanjo Rafael.

Agora reconheça Rafael: (leste). Diante de você, vestindo uma túnica amarelo-alaranjada em estilo greco-atlântico, ele é jovem e tem olhos extremamente inteligentes. Tem na mão uma grande Espada e em seu peitoral e sua capa está o símbolo de Mercúrio, o Caduceu, mensageiro dos deuses. O símbolo consiste em um bastão alado pelo qual sobem, entrelaçando-se, duas serpentes. Rafael é o arcanjo do elemento Ar. Imagine-o à sua frente. Sinta o vento soprando. Mais uma vez, detenha-se na imagem por alguns instantes até que ela se desvaneça. Dê outra meia-volta para a direita, a fim de colocar-se de frente para o arcanjo Miguel.

Por fim, reconheça Miguel: (sul). Diante de você, ele enverga uma armadura dourada e uma capa com as cores do fogo: vermelho e laranja. Seu cabelo é dourado e seu peitoral tem gravada a cabeça de um leão, o símbolo do signo de Leão. Na mão ele leva uma lança. Imagine-o como uma figura forte, protetora, enérgica. Intransigente, mas sempre solícito, Miguel rege o elemento Fogo. Sinta o calor do fogo empíreo. Inspirado pelos arcanjos, crie os Anéis Triplos e entre em seu Templo Interior para preparar-se para sua jornada através de Tiphéret.

Após criar a esfera, cruze a porta de Assiah, no Templo Interior, e concentre-se em sua intenção. Relaxe, mantendo o objetivo em foco, para ver se surge alguma coisa. Então vá para a porta de Yetzirah. Se surgir um símbolo, cruze a porta. O que está acontecendo? Sinta a força do trabalho (ou Malakim) agindo dentro de você. Movimente-se lentamente e veja o que está acontecendo. Então vem a porta de Briah; se surgir um símbolo, cruze-a. Miguel é simpático e amigável. Observe o que está se passando no mundo dele. Em seguida, vá até a porta de Atziluth e observe como Miguel transmite ordens a Malakim. Bata à porta. Surge algum símbolo? Todos entramos e penetramos no reino do centro do Sol. Olhe ao redor, verifique se há algo importante. Estamos diante de Eloah va Daath. Dizemos-lhe tudo que temos a dizer. Escute as respostas. Observe-o dar ordens a Miguel. Fazemos uma reverência e saímos. Entramos no reino de Miguel. Deixamos Malakim no caminho. Miguel o instrui. Miguel e eu entramos mais uma vez por Assiah, onde ele me deixa, para que eu possa voltar à minha realidade mundana.

Notas

Introdução

1. A Ordem Hermética da Aurora Dourada, foi uma das ordens ocultistas mais prestigiosas da virada do século. O Templo da Aurora Dourada em Londres, chamado Isis-Urania, foi fundado em 1º de março de 1888. Por muitos anos, tudo correu bem para a Aurora Dourada, e muitas obras mágicas foram feitas, mas os conflitos de personalidade e outros fatores acabaram provocando brigas, revoltas e dissidências até que, em 1903, a Ordem original dividiu-se em várias facções que lutavam entre si. Hoje existem diversas organizações cujas práticas e ensinamentos derivam, de uma forma ou de outra, da Aurora Dourada, embora poucas preguem o sistema todo. Naturalmente, também é verdade que boa parte desse sistema não era original: partes dele podem ser encontradas de forma dispersa em escritos esotéricos de mais de mil anos da história européia. O maior feito da Aurora Dourada consistiu em sintetizar um sistema lógico e coeso de Magia Prática a partir dos restos dispersos de uma tradição que quase havia sido extinta por 1.500 anos de perseguição religiosa.

Capítulo 1

1. Sem dúvida, o melhor baralho de tarô é o Rider-Waite, já que ele utiliza simbolismo bom e tem uma vantagem extra: as cartas dos Arcanos Menores contêm ilustrações, em vez de "pontos". Os baralhos esotéricos podem ser usados para adivinhação, meditação e trabalho em magia, sendo portanto mais úteis.

2. Algo comum a todas as sociedades naturais e lembrado em rituais e manifestações artísticas e literárias do folclore. Os espíritos do sonho criaram todas as coisas quando os pássaros, os animais e a humanidade eram um só e a morte, apenas um sonho. Esses espíritos criaram as leis segundo as quais os seres humanos deveriam viver em harmonia com o resto da Natureza a fim de prosperar e, por fim, retornar ao reino do tempo do sonho.

3. Egregores são entidades da mente grupal. O termo, um tanto genérico, é usado às vezes para referência a uma mente grupal considerada em abstrato, mas ganha maior significado quando aplicado a uma entidade mágica bem definida e criada deliberadamente por um grupo de magos. Ele pode ser estendido também a deuses e deusas, totens ou animais de um clã ou tribo.

4. "Quando este provou a água transformada em vinho, e não sabendo qual a sua origem (embora os criados o soubessem), chamou o noivo." João 2:9.

5. Phillip Cooper, *Secrets of Creative Visualization* (York Beach, ME: Samuel Weiser, 1999), p. 44.

Capítulo 2

1. Uma explicação mais avançada do Tetragrama pode ser obtida por meio dos seguintes livros: Ophiel, *The Art and Practice of Cabala Magic* (York Beach, ME: Samuel Weiser, 1977), p. 47, e Ophiel, *The Art and Practice of the Occult* (York Beach, ME: Samuel Weiser, 1976), p. 38.

2. Aleister Crowley, *777 & Other Qabalistic Writings* (York Beach, ME: Samuel Weiser, 1970).

Capítulo 4

1. Você também pode usar uma bola de cristal ou um espelho mágico, mas não se esqueça: eles são substitutos.

Capítulo 7

1. Nos Estados Unidos, você pode encomendar um mapa astral a Llewellyn's Personal Astrological Services, conforme anunciado na revista *New Worlds of Mind & Spirit*. Escreva para Personal Services, c/o Llewellyn, P.O. Box 64383, St. Paul, MN 55164. Na Inglaterra, ele pode ser obtido através da revista *Prediction*. Escreva para Reader's Services, c/o Prediction, Link House, Dingwall Avenue, Croydon, Surrey CR9 2TA, England.

2. Caso você encontre algum problema para localizar seus planetas regentes, envie uma carta para mim, aos cuidados do editor, anexando cupons internacionais pré-pagos para resposta, e eu lhe enviarei sua lista.

Capítulo 8

1. W. G. Gray, *Magical Ritual Methods* (York Beach, ME: Samuel Weiser, 1980) e *The Talking Tree* (York Beach, ME: Samuel Weiser, 1977).

Capítulo 9

1. Você pode usar o calendário astrológico *Daily Planetary Guide* ou o *Moon Sign Book*, da Llewellyn, pois ambos contêm um aspectário geral planetário e lunar diário. Pode também comprar os calendários *Celestial Influences*, de Jim Maynard (Quicksilver Publications). Na Inglaterra, a revista *Prediction* traz um aspectário geral planetário e lunar.
2. Consulte a nota 1 do Capítulo 7.
3. Margaret Hone, *The Modern Textbook of Astrology* (Londres: L. N. Fowler & Co., 1951). Você precisará também de uma efeméride com as informações necessárias para traçar um mapa astral, inclusive os aspectos mútuos e lunares. Foulsham & Co., Ltd. publicam efemérides anuais (Yeovil Road, Slough, Berks, Inglaterra; Nova York, Toronto, Cape Town, Sydney). Os leitores norte-americanos podem adquirir efemérides na maioria das livrarias especializadas em astrologia. As efemérides mais populares são as publicadas por ACS Publications, Box 16430, San Diego, CA, 92116.

Apêndice

1. A Guinness é uma cerveja escura, forte e espessa, produzida originalmente na Irlanda e licenciada para vários países. Quando perde o gás e a espuma, é ideal para uso divinatório.
2. W. G. Gray, *Ladder of Lights* (York Beach, ME: Samuel Weiser, 1981).
3. Até mesmo o ato de lavar as mãos pode simbolizar a purificação daquilo que é negativo. Pôncio Pilatos o fez no julgamento de Jesus e hoje em dia aqueles que curam também o fazem.
4. Phillip Cooper, *Secrets of Creative Visualization* (York Beach, ME: Samuel Weiser, 1977), p. 180. [*Os Segredos da Visualização Criativa*, publicado pela Editora Pensamento, São Paulo, 2002.]
5. Para receber um catálogo de fitas ideais para relaxamento, inspiração e meditação, escreva para: Valley of the Sun Publishing, Box 38 Malibu, CA 90265. Na Inglaterra, para receber um catálogo grátis, escreva para: New World, Paradise Farm, Westhall, Halesworth, Suffolk IP19 8RH England.

BIBLIOGRAFIA

Baker-Howard, June. *Teach Yourself Tarot.* Watford, Inglaterra: Friars Printers, 1979.
Bruce, Robert. *Astral Dynamics: A New Approach to Out-of-Body Experience.* Charlottesville, VA: Hampton Roads Publishing, 1999.
Bunning, Joan. *Learning the Tarot: A Tarot Book for Beginners.* York Beach, ME: Samuel Weiser, 1998.
Cooper, Phillip. *Basic Magick: A Practical Guide.* York Beach, ME: Samuel Weiser, 1996.
_____. *Basic Sigil Magick.* York Beach, ME: Weiser Books, 2001.
_____. *Candle Magic: A Coveted Collection of Spells, Rituals, and Magical Paradigms.* York Beach, ME: Samuel Weiser, 2000.
_____. *The Magickian: A Study in Effective Magick.* York Beach, ME: Samuel Weiser, 1993.
_____. *Secrets of Creative Visualization.* York Beach, ME: Samuel Weiser, 1999. [*Os Segredos da Visualização Criativa*, publicado pela Editora Pensamento, São Paulo, 2002.]
Crowley, Alastair. *777 and Other Qabalistic Writings.* York Beach, ME: Samuel Weiser, 1970.
Cunningham, Scott. *The Complete Book of Incense, Oils, and Brews.* St. Paul, MN: Llewellyn, 1989.
Gayley, Charles M. *Classic Myths in English Literature.* Boston, MA: Ginn & Company, 1983.
Geddes, David e Grosset, Ronald. *Astrology and Horoscopes.* New Lanark, Escócia: Geddes & Grosset, 1997.
Gray, William G. *The Talking Tree.* York Beach, ME: Samuel Weiser, 1977.
_____. *Inner Traditions of Magic.* York Beach, ME: Samuel Weiser, 1978.
_____. *Magical Ritual Methods.* York Beach, ME: Samuel Weiser, 1980.
_____. *Ladder of Lights.* York Beach, ME: Samuel Weiser, 1993.
Greer, John M. *Circles of Power.* St. Paul, MN: Llewellyn, 1997.

Hoffman, Kay. *The Trance Workbook: Understanding and Using the Power of Altered States.* Nova York: Sterling, 1998.

Hone, Margaret. *The Modern Textbook of Astrology.* Londres: L. N. Fowler, 1951.

LeCron, Leslie M. *Self-Hypnotism: The Technique and Its Use in Daily Living.* Nova York, NY: Signet, 1970.

Lee, Dave. *Magical Incenses.* Sheffield, Inglaterra: Revelation 23 Press, 1992.

Ophiel. *The Art & Practice of the Occult.* York Beach, ME: Samuel Weiser, 1976.

_____. *The Art & Practice of Clairvoyance.* York Beach, ME: Samuel Weiser, 1969.

_____. *The Art & Practice of Cabala Magic.* York Beach, ME: Samuel Weiser, 1977.

Runyon, Carroll "Poke". *The Book of Solomon's Magick.* Siverado, CA: The Church of Hermetic Sciences, 1996.

Schueler, Gerald J. *Enochian Physics: The Structure of the Magical Universe.* St. Paul, MN: Llewellyn, 1988.

Smith, Steven. *Wylundt's Book of Incense: A Magical Primer.* York Beach, ME: Samuel Weiser, 1989.

IMPRESSO NA
sumago gráfica editorial ltda
rua itauna, 789 vila maria
02111-031 são paulo sp
telefax 11 **2955 5636**
sumago@terra.com.br